Gary Chapman &

AUSSERGEWÖHN

Gary Chapman & Chris Fabry

Außergewöhnliche Gnade

Was die erstaunliche
Abstammung Jesu über Gottes
einzigartige Liebe offenbart

Über die Autoren:

Gary Chapman ist zwar im Pensionsalter, will aber nichts vom Ruhestand wissen. Er lebt mit seiner Frau Karolyn in North Carolina, arbeitet als Seelsorger seiner Gemeinde, hält Ehe-Seminare und ist Autor zahlreicher Bücher. Mit seinem Buch „Die fünf Sprachen der Liebe" hat er einen neuen Schlüssel zur Kommunikation gefunden und ein Millionenpublikum erreicht.

Chris Fabry ist der Autor zahlreicher Erwachsenen- und Jugendromane. Für seine Bücher ist er mehrfach mit dem Christy Award ausgezeichnet worden.

Bibliografische Information Der Deutschen Bibliothek
Die Deutsche Bibliothek verzeichnet diese Publikation in der Deutschen Nationalbibliografie; detaillierte bibliografische Daten sind im Internet über http://dnb.ddb.de abrufbar.

ISBN 978-3-86827-470-7

This book was first published in the United States by River North Fiction, 820 N. LaSalle Blvd., Chicago, IL 60610 with the title *Extraordinary Grace,* copyright © 2013 by Gary Chapman and Chris Fabry. Translated by permission.
German edition © 2014 by Verlag der Francke-Buchhandlung GmbH 35037 Marburg an der Lahn
Deutsch von Agentur Weiß
Umschlag- u. Innenteilbild: © iStockphoto.com / John Woodcock
Umschlaggestaltung: Verlag der Francke-Buchhandlung GmbH / Sven Gerhardt
Satz: Verlag der Francke-Buchhandlung GmbH
Printed in Czech Republic

www.francke-buch.de

Inhalt

Gnade ist nicht nur ein kurzes Gebet vor dem Essen.

Es ist ein Lebensstil.

D.L. Moody

Gnade hat mich sicher bis hierher gebracht …

Und Gnade wird mich nach Hause führen.

(aus: „Amazing Grace" von John Henry Newton)

Die Geschichte Jesu Christi, des Sohnes Davids, des Sohnes Abrahams

Abraham zeugte Isaak.

Isaak zeugte Jakob.

Jakob zeugte Juda und seine Brüder.

Juda zeugte Perez und Serach mit der Tamar.

Perez zeugte Hezron.

Hezron zeugte Ram.

Ram zeugte Amminadab.

Amminadab zeugte Nachschon.

Nachschon zeugte Salmon.

Salmon zeugte Boas mit der Rahab.

Boas zeugte Obed mit der Rut.

Obed zeugte Isai.

Isai zeugte den König David.

David zeugte Salomo mit der Frau des Uria.

Salomo zeugte Rehabeam.

Rehabeam zeugte Abija.

Abija zeugte Asa.

Asa zeugte Joschafat.

Joschafat zeugte Joram.

Joram zeugte Usija.

Usija zeugte Jotam.

Jotam zeugte Ahas.

Ahas zeugte Hiskia.

Hiskia zeugte Manasse.

Manasse zeugte Amon.

Amon zeugte Josia.

Josia zeugte Jojachin und seine Brüder um die Zeit der babylonischen Gefangenschaft.

Nach der babylonischen Gefangenschaft zeugte Jojachin Schealtiël.

Schealtiël zeugte Serubbabel.

Serubbabel zeugte Abihud.

Abihud zeugte Eljakim.

Eljakim zeugte Asor.

Asor zeugte Zadok.

Zadok zeugte Achim.

Achim zeugte Eliud.

Eliud zeugte Eleasar.

Eleasar zeugte Mattan.

Mattan zeugte Jakob.

Jakob zeugte Josef, den Mann der Maria, von der geboren ist Jesus, der da heißt Christus.

Anmerkung der Autoren

Die Geschichten, die Sie lesen werden, sind direkt der Bibel entnommen. Wir ermutigen Sie, sie im Original zu lesen. In diesem Buch versuchen wir, einen unverfälschten Blick auf diese Geschichten zu werfen und uns die Schwierigkeiten auszumalen, mit denen diese realen Persönlichkeiten zu kämpfen hatten. Sie hatten ihre Fehler, Eigenheiten, Sünden und Erfolge, so wie wir alle auch. So wie Gott ihr Leben, trotz all ihrer Schönheitsfehler, gebraucht hat, um andere zu segnen, so möge er auch uns helfen, ein Segen zu sein.

Einführung

Man kann sich im Leben vieles aussuchen, aber die Herkunft gehört nicht dazu. Ihre Eltern können Sie sich nicht aussuchen. Oder Ihre Vorfahren. Da muss man nehmen, was man kriegen kann, ob es nun gut oder böse oder irgendetwas dazwischen ist.

Doch bei Jesus war es anders.

Denken Sie doch einmal über diese Tatsache nach: Jesus war die einzige Person der Geschichte, die sich Mutter, Vater, Großmütter und Großväter aussuchen konnte – und zwar den ganzen langen Weg zurück bis zum Anfang der Zeit.

Wen hat er sich also ausgesucht? Menschen, die Gott gehorchten und großen Glauben bewiesen hatten? Sündlose, perfekte Leute, die immer das Richtige taten?

Wohl kaum. Denn solche Leute gab es natürlich nicht.

Was wissen Sie über Ihre Ahnenreihe? Vielleicht hängen bei Ihnen entsprechende Bilder an den Wänden oder vergilben in Fotoalben. Die vom Leben gezeichneten Gesichter auf den Fotos repräsentieren Geschichten, die miteinander geteilt und weitergegeben wurden. Legenden, Lügen, halbe und ganze Wahrheiten. Wenn Sie sich die Augen und ihr Lächeln betrachten, erkennen Sie vielleicht ein wenig von sich selbst in diesen Menschen, aber die meisten von uns lesen niemals zwischen den Zeilen. Die meisten von uns kennen nicht die Herzen ihrer Vorfahren.

In der Bibel finden wir so etwas wie den Familienstammbaum von Jesus. Männer und Frauen, die ihre Seelen entblößt haben, während sie darum rangen, Gott besser kennenzulernen und ihm auch in herausfordernden Zeiten zu gehorchen. Das Faszinierende an diesen Geschichten ist, dass sie mehr offenbaren als nur die Eigenheiten und Schwächen verzweifelter Menschen. Sie berichten uns auch vom Herzen Gottes. Der Stammbaum Jesu ist so eine Art Bewährungsprobe für die Liebe, die Barmherzigkeit und die Geduld des Allmächtigen in Bezug auf sein Volk. Und damit auch in Bezug auf uns.

Dieser Stammbaum enthält gute Nachrichten für Sie:
1) Gott ist nicht böse auf Sie,
2) Gott möchte Sie mit seiner Liebe und seinem Segen überschütten,
3) Gott möchte, dass Sie seine Gnade anderen gegenüber widerspiegeln.

Natürlich haben Sie diese gute Nachricht schon einmal gehört. Für das englische Wort *grace*, Gnade, gibt es ein beliebtes Akrostichon:

Grace = *God's Riches At Christ's Expense* (Die Reichtümer Gottes auf Kosten Christi).

Jeder hat schon von Gnade gehört. Aber nicht jeder versteht sie. Nicht jeder empfängt sie. Und noch weniger Menschen haben gelernt, sie weiterzugeben. *Wie sieht es mit Ihnen aus?*

Haben Sie Gottes Gnade empfangen? Leben Sie aus Gottes Gnade heraus? Bringen Sie Gottes Gnade anderen gegenüber zum Ausdruck?

Das hier ist ein gefährliches Buch, denn es handelt von einem Konzept, das unsere Vorstellungskraft sprengt und unsere

Herzen umkrempelt. Es ist bedrohlich für so manches religiöse Establishment, das die Leute gerne gleichschalten möchte. Das ist einer der Gründe, warum sich einige der religiösen Führer zur Zeit von Jesus durch ihn so bedroht gefühlt haben.

Gott möchte, dass Sie seine Gnade empfangen, darin zu leben lernen und sie weitergeben. Das ist ein Prozess, der Sie von innen nach außen verändern wird. Sie wurden geschaffen, diese Liebe jeden Tag zu erfahren und unter Ihren Familienangehörigen und Freunden zu verschenken.

Sogar unter Ihren Feinden.

Das ist kein intellektuelles Konzept für den Kopf oder einfach nur ein geistliches Luftschloss. Gnade ist keine geheimnisvolle, unverständliche Idee. Es ist eine praktische, greifbare Übung, die Ihnen helfen wird, Ihr Leben erfüllt zu leben. Aus dem Herzen heraus, nicht als Reaktion auf Verpflichtungen und Erwartungen.

Wie würde Ihr Leben aussehen, wenn Sie wüssten, mit absoluter Sicherheit *wüssten*, dass Ihnen vergeben wurde? Dass Sie angenommen sind? Dass Sie von Herzen geliebt werden? Was wäre, wenn Sie wüssten, dass Sie jemand mit Bewunderung und Ehrfurcht betrachtet? Dass Sie in jemandes Augen absolut vollkommen sind?

Ja, lesen Sie es ruhig noch einmal: *vollkommen*.

Ohne Fehler, ohne Flecken, ohne Defekte. Ohne falsche Motive. Ohne Sünde. Vollkommen.

Dieser „Jemand" ist Gott selbst. Und er ist es auch, der die Gnade bereithält, um die Vollkommenheit in Ihrem Leben Realität werden zu lassen.

Die meisten von uns wissen, dass wir nicht vollkommen sind. Deshalb kompensieren wir das, indem wir die Zähne zusammenbeißen und versuchen, Gott zu gefallen. Durch bloße

Willenskraft wollen wir bei Gott einen guten Eindruck machen. Das gelingt uns an einem guten Tag ungefähr eine halbe Stunde lang.

Also leben wir wie Besiegte. Wir verlieren Lebensqualität, weil wir das Gefühl haben, für Gott nie gut genug zu sein. Wir glauben, dass er mit verschränkten Armen vor der Himmelspforte steht und den Kopf schüttelt.

Das Problem besteht in dem tiefen Abgrund, der zwischen Gottes Forderungen und unseren Möglichkeiten existiert. Nur eine Person war jemals in der Lage, diesen Graben zu überbrücken.

Die Botschaft dieses Buches ist, dass wir nicht in dem Glauben leben müssen, für Gott nicht gut genug zu sein. Es gibt einen viel besseren Weg.

Hier ist er: Gottes Liebe, entkleidet und ans Kreuz genagelt. Gottes Liebe, die die Strafe bezahlt. Die Vergebung anbietet. Die einen neuen Weg der Freiheit eröffnet, auf dem Sie gehen können. Einen Weg, auf dem die Barmherzigkeit Sie einlädt, Ihre Schuld und Schande hinter sich zu lassen. Einen Weg, auf dem Sie von einer Hand auf Ihrer Schulter geführt werden.

Lassen Sie diese Wahrheit auf sich wirken. Gott hat sich entschieden, Ihnen außergewöhnliche, extravagante, erstaunliche *Gnade* zuteilwerden zu lassen. John Henry Newton, ein ehemaliger Sklavenhändler, hatte nach menschlichem Ermessen keinerlei „Anrecht" auf Gottes Liebe und Gnade. Dennoch schrieb er ein Lied über sie und nannte sie *„amazing grace"*, erstaunliche Gnade. Denn Gottes Gnade überschreitet die Grenze zum Unvorstellbaren. Wir verdienen es nicht, so behandelt zu werden. Aber dennoch ist sie da für uns. Gottes Gnade.

Dieses Buch beobachtet, wie Gott unter gewöhnlichen Menschen sein Werk tut. Unsere Reise wird uns durch eine furchtbar dysfunktionale und zerrüttete Ahnenreihe führen. Die Lebensgeschichten der Ahnen Jesu sind nichts für schwache Nerven. Wir werden uns sieben herausragende Charaktere im Familienstammbaum von Jesus näher anschauen. Sieben Menschen, die versagt haben, gefallen sind oder sich für das Falsche entschieden haben, die aber Gott dennoch kraftvoll gebraucht hat. Ihr Versagen war nicht das Letzte. Ihre Vergangenheit hat sie nicht von Gottes Liebe ausgeschlossen. Ihre Sünde hat nicht ihr Schicksal bestimmt.

Und das ist auch bei Ihnen nicht der Fall. Egal, in welcher Lebenssituation Sie sich befinden, welche schlimmen Dinge Ihnen angetan wurden oder welche schlimmen Dinge Sie selbst getan haben, die Gnade Gottes und seine unvergleichliche Liebe sind für Sie da.

Als Gott das Wort, das Fleisch wurde, aussandte, um unter uns zu wohnen, gab er uns ein vollkommenes Abbild seiner außergewöhnlichen Gnade. Wenn man nach dem Dreh- und Angelpunkt der Weltgeschichte sucht, dann findet man den Schöpfer des Universums, an zwei Holzbalken genagelt. Er hängt zwischen dem unfassbaren Verlangen eines jeden menschlichen Herzens und der unsterblichen Liebe Gottes und offenbart so Gottes außergewöhnliche Gnade.

Vater, vergib ihnen, denn sie wissen nicht, was sie tun.

Vielleicht folgen Sie Jesus schon seit einigen Jahren nach, aber kommen sich dennoch ziellos vor. Vielleicht wissen Sie von Jesus, aber haben keine Ahnung davon, was „Leben in Fülle" bedeutet. Vielleicht sind Sie sich aber auch gar nicht sicher, ob Gott überhaupt existiert.

Was auch immer auf Sie zutrifft, was auch immer Ihr Hintergrund ist – die folgenden Geschichten schreien die unvergleichliche, unglaubliche Liebe Gottes in die Welt hinaus. Jeder, der bereit ist, Gott nicht mehr durch eigene Anstrengungen gefallen zu wollen, kann die Gerechtigkeit Jesu empfangen und für sich in Anspruch nehmen. Und wenn Sie erst einmal Gottes Gnade erfahren haben, können Sie anfangen, erfüllt aus dieser Kraft heraus zu leben. Sie werden aus dieser Quelle der Vergebung schöpfen und anderen ebenfalls davon abgeben können.

Wagen Sie es, Gott beim Wort zu nehmen. Wagen Sie es, zu glauben. Sie werden staunen, was er durch seine außergewöhnliche Gnade in Ihnen und durch Sie tun wird.

1. Teil

Gottes Gnade empfangen

Ich verstehe das Geheimnis der Gnade ganz und gar nicht –
nur dass sie uns da begegnet, wo wir sind, aber uns nicht da lässt,
wo sie uns gefunden hat.

Anne Lamott

1. Kapitel

Den Ruf der Gnade hören

ABRAM

*D*ie Geschichte Abrams beginnt schon vor seiner Geburt. Gott war in der Welt am Werk. Er schuf alles, was wir sehen und nicht sehen können. Er schuf den ersten Mann und die erste Frau und sah zu, wie sie sich für den Ungehorsam entschieden. Er fertigte ihnen Tierhäute zum Anziehen. Ihre Entscheidung hatte Konsequenzen. Sie waren gezwungen, Gottes Gegenwart zu verlassen.

Und als die Menschen sich immer weiter von Gottes gutem Plan für sie entfernten, sprach Gott zu Noah und ließ ihn ein Schiff bauen. Die Arche war die Rettung für Noah und seine Familie. Alle, die nicht mit auf der Arche waren, gingen verloren. Nur die Menschen und Tiere innerhalb der Arche überlebten und konnten die Erde nach der Katastrophe neu bevölkern. Aber die Menschen wandten sich weiterhin von Gott ab. Sie glaubten an sich selbst, nicht an ihn, und bauten einen Turm, um ihre Stärke zu zeigen. Also verwirrte Gott ihre Sprache und zerstreute sie.

Zu einem Menschen aus dieser in alle Himmelsrichtungen zerstreuten Menschheit sprach Gott klar und deutlich, genau zum richtigen Zeitpunkt. Mit fantastischen Worten und unglaublichen Verheißungen eroberte er das Herz eines Mannes namens Abram.

Und Abram entschied sich, zu glauben.

Gott sagte, er werde Abram segnen, er werde seinen Namen groß machen und die ganze Welt durch dessen Nachkommen segnen. Abrams Aufgabe bestand darin, zu glauben. Und dann, auf diesem Glauben aufbauend, seine Verwandten und sein Vaterland zu verlassen und an einen Ort zu gehen, den Gott ihm zeigen würde. Im Glauben sollte er losziehen und Gottes Verheißungen in Anspruch nehmen.

Abram packte seine Sachen und ließ alles zurück, was er bisher gekannt hatte, weil er wusste, dass Gott ihm ein Versprechen gegeben hatte. Das sind Abrams erste Schritte. Das ist sein Ruf der Gnade (1. Mose 11,26-12,9).

Ein Weg von tausend Kilometern beginnt mit einem einzigen Schritt. Der Weg der Gnade fängt damit an, dass wir ihren Ruf hören. Und die Gnade ruft Sie. Es kann sein, dass sie sich anhört, als käme sie von sehr weit weg, so wie das Pfeifen eines Zuges in der Ferne über eine kahle Landschaft streicht. Dennoch ruft die Gnade jedes Herz. Die Gnade, über die wir reden, lässt sich nicht beirren. Sie wird uns „nach Hause bringen", wie John Newton schrieb.

Es steht in Ihrer Verantwortung, auf dieses Rufen, dieses Flüstern zu hören. Sie müssen *zum Hören bereit* sein.

Das bringt uns zu Abraham, der zunächst Abram hieß. Bei

ihm haben wir es mit einem Menschen zu tun, der für den Ruf der Gnade bereit war.

Fünfzehn Kapitel des ersten Mosebuches berichten uns von Abrahams Weg, von Gottes Bund mit ihm, von den Verheißungen, die er schenkte, und von dem, was diese Verheißungen mit Ihnen und mir heute zu tun haben.

Mit seinem Vater Terach und dessen Großfamilie war er an einen Ort namens Ur gezogen. Sie hatten sich dort ein nettes Leben aufgebaut. Abram war mit einer Frau namens Sarai verheiratet. Mit ihr hatte er das große Los gezogen, was sich allerdings nicht nur als Segen, sondern auch als Fluch erweisen sollte. Ihre Schönheit würde ihn später zu einigen schlechten Entscheidungen bewegen. Das heißt, eigentlich war es nicht ihre Schönheit, sondern Abrams Angst. Aber davon später mehr.

Nachdem Terach gestorben war, bekam Abram eine Botschaft von Gott.

Halten wir einen Augenblick inne und denken darüber nach: Gott hat mit Abram gesprochen! Haben Sie sich schon einmal nach so etwas gesehnt? Haben Sie schon einmal gedacht: *Wenn Gott mir einfach sagen würde, was ich tun soll, dann täte ich das sofort.*

Wirklich?

Wenn Gott in diesem Augenblick zu Ihnen spräche, wenn der Himmel aufrisse, wenn seine Stimme erschallen würde – würden Sie zuhören? Würden Sie sofort gehorchen? Oder würden Sie nicht eher Fragen stellen? Würden Sie sich fragen, ob es wirklich Gott gewesen ist? Würden Sie vermuten, geträumt zu haben oder am Abend zuvor etwas zu Scharfes gegessen zu haben?

„Könntest du mir das bitte noch einmal sagen, Gott? Und warte, ich hole schnell mein Aufnahmegerät."

Die Wahrheit ist: Sie brauchen keine tiefe Stimme aus den Wolken heraus. Gott *hat* schon gesprochen – vielleicht nicht so, wie Sie es sich gewünscht hätten, aber er hat durch sein fleischgewordenes Wort geredet, durch die Bibel, durch das Leben von Gläubigen durch die Jahrhunderte hindurch. Die Frage ist nicht, *ob* Gott redet. Das hat er. Die Frage ist, ob Sie bereit sind, hinzuhören. Möchten Sie *hören*?

Abram wollte es. Und Gott hat zu ihm gesagt:

Geh aus deinem Vaterland und von deiner Verwandtschaft und aus deines Vaters Hause in ein Land, das ich dir zeigen will.

Das ist ziemlich eindeutig. Gott sagt Abram damit gewissermaßen:

Lass alles, was du bisher gekannt hast, hinter dir – all die Leute, die deine Sprache sprechen, deine Bräuche, deine Verwandtschaft, die sich damit brüstet, dir bei der Erziehung deiner Kinder zu helfen. Nimm dein Zeug, pack es zusammen und ziehe los. Lege deine Zukunft, deine Familie, dein Glück und dein bisheriges Leben vollkommen in meine Hände. Ach ja, nur so nebenbei: Ich werde dir nicht sagen, wo du hingehen sollst. Du wirst das Ziel nicht im Voraus kennen. Es könnte ein schöner Ort sein, es könnte aber auch die Wüste werden. Du hast nur eine Aufgabe: Vertraue mir. Du bekommst keine Ansichtskarte von deinem endgültigen Ziel. Aber egal wohin ich dich sende, egal wo du hingehst, du hast mich! Der Prozess des Abschiednehmens und Zurücklassens wird dich von innen her verändern. Du wirst dazu gezwungen sein, dich ganz und gar mir zuzuwenden, nicht irgendeinem Objekt oder einem Ziel oder einem Gefühl. Du wirst auch nicht absolute Gewissheit darüber haben, was mein Wille ist. Es geht hierbei nicht darum, dass du den Schlüssel findest, um einen Code zu knacken, oder dass du zwischen den Zeilen lesen lernst, um irgendeine geheime Botschaft zu erkennen. Ich möchte nicht, dass du deiner eigenen vermeintlichen Heiligkeit vertraust, oder irgendeinem Götzenbild, das du mit eigenen Händen gemacht hast, oder dein Vertrauen in etwas setzt, das du dir selbst ausgedacht hast. Du sollst *mich* suchen und begehren und nichts anderes. Das ist Glaube. Diejenigen, die ihr Vertrauen auf mich setzen, empfangen außergewöhnliche Gnade.

An diesem Punkt der Geschichte erfahren wir nichts über Abrams Reaktion auf Gottes Stimme. Wir können annehmen, dass er etwas erschrocken war, als Gott so mit ihm redete. Überall in der Bibel lesen wir, dass Menschen auf das Reden Gottes oder seiner Engel mit Furcht und Zittern reagieren und oft auch vor Schreck und Ehrfurcht zu Boden fallen. Das ist ein wenig beunruhigend.

Aber das war noch lange nicht das Ende der himmlischen Verlautbarung, denn Gottes Botschaft an Abram beinhaltete noch mehr. In der zweiten Hälfte seiner Nachricht wird es wirklich gut:

Ich will dich zum großen Volk machen und will dich segnen und dir einen großen Namen machen, und du sollst ein Segen sein. Ich will segnen, die dich segnen, und verfluchen, die dich verfluchen; und in dir sollen gesegnet werden alle Geschlechter auf Erden.

Das ist gewaltig! Denken wir einen Augenblick über diese Botschaft nach. Gott sagt Abram: Du musst dich in Bewegung setzen. Jetzt. Ich bringe dich in ein Land, das ich ausgewählt habe. Und dabei werde ich unglaubliche Dinge in dir und durch dich tun. Du wirst gesegnet werden und du wirst andere segnen. Dein Leben und die Leben derer, die nach dir kommen, all diese Lebensgeschichten werden sich durch deinen Gehorsam ganz und gar verändern. Und diejenigen, die dir dabei im Weg stehen, stehen mir im Weg. Ich bin mit dir, Abram. Du und ich sind ein Team. Ich, Jahwe, der Herr, bin derjenige, der das tun wird. Du gehorchst mir. Du folgst mir. Das ist dein Anteil an diesem Plan.

Nun müssen wir erst einmal tief durchatmen.

Haben Sie das alles verstanden? Gott ist *für* Abram. Offen gesagt, bin ich ein wenig neidisch. Ich würde Gott auch gerne so unmittelbar hören. Er will Abram führen und ihm sagen, was er tun und wohin er gehen soll. Er sorgt dafür, dass Abrams Geschichte und Leben ein großer Segen sein wird für ihn selbst und alle, die nach ihm kommen. Heute, Tausende von Jahren nach seinem Tod, sprechen wir immer noch über ihn. Gott hat recht behalten. Dieser Mann wurde überreich und unglaublich gesegnet.

Aber halten wir einen Augenblick inne. Denken Sie einmal über die Frage *hinter* Abrams Lebensgeschichte nach, die Frage, die sich hinter all den Verheißungen und Segnungen versteckt. *Warum Abram?* Warum räumt Gott *ihm* das Privileg ein seine Anweisungen hören zu dürfen? Warum hat er sich entschieden, Abram und seine Nachkommen zu segnen? Warum hat Gott überhaupt an diesen Mann gedacht?

Was ist der Mensch, dass du seiner gedenkst?

Diesen Vers aus Psalm 8 wird später ein Nachkomme Abrams niederschreiben.

Die Antwort besteht nicht darin, dass Abram Gottes Liebling war, weil Gott wusste, dass er immer alles tun würde, was er von ihm wollte. Das war nicht so. Abram machte Fehler. Viele Fehler. Er hatte seine dunklen Seiten und Probleme. Wenn man Kindern im Kindergottesdienst beibringen möchte, dass man immer ehrlich sein soll, dann ist Abram ein ganz schlechtes Beispiel. Ehrlich gesagt waren alle Vorfahren Jesu aus einem ähnlichen Holz wie Abram geschnitzt. Sie haben ihr Leben auf vielerlei Weise verpfuscht.

Wählte Gott Abram also, weil er reich war und weil Gott eine Menge Vieh gebraucht hätte? Nein, ihm gehört ohnehin alles. Er benötigte weder Abrams Reichtum noch seine schöne Frau. Die einzige Fähigkeit Abrams, die Gott gebrauchen konnte, war dieselbe Fähigkeit, die er bei Ihnen sucht: die Bereitschaft, sich Gott zur Verfügung zu stellen. Wenn wir, wenn Sie und ich, nicht für Gott bereit sind, dann wird er mit Steinen oder Eseln sein Ziel erreichen.

Warum erwählte Gott Abram?

Die Antwort auf diese Frage lässt sich nur in der geheimnisvollen Gnade Gottes finden. Er schüttete sein unverdientes und unbegrenztes Wohlgefallen über Abram aus. Seine außergewöhnliche Gnade.

Man muss Abram zugestehen, dass er gehorchte, zusammenpackte und sich mit fünfundsiebzig Jahren auf eine Reise begab, die allein mit dem Hören auf Gott begann. Er hörte und gehorchte. Sein Glaube prägte sein Handeln. Das war sein Verdienst.

Was glauben Sie – hatte Abram mit seinem Entschluss zu kämpfen? Als er mit seiner Familie all seine Besitztümer für die Reise zusammengepackt hatte und von denen, die zurückblieben, Abschied nehmen musste – haben sie ihn da nicht mit Fragen bestürmt? Hat es etwa keine nächtlichen Diskussionen mit Sarai im Zelt gegeben?

„So, lass uns die Sache doch noch einmal durchgehen und erzähle mir genau, was Gott zu dir gesagt hat. Bist du dir da wirklich sicher, Abram?"

Vielleicht hat Sarai die Botschaft Gottes an Abram von ferne mitbekommen. Vielleicht vertraute sie Abram auch so sehr, dass sie ohne ein Wort des Zweifels ihre Sachen packte.

Wenn man den Ruf der Gnade hört, ist man gezwungen, sich zu entscheiden. Losziehen oder bleiben? Sich nicht zu entscheiden, wäre keine Option, denn das ist auch eine Entscheidung. So ein Entscheidungskampf wirft immer Fragen auf. Plötzlich hat man mehr Fragen als vorher, als Gott noch nicht gesprochen hatte.

Wenn Gott Ihnen mit Gnade begegnet und zu Ihnen spricht, dann wird das Ihr Leben nicht unbedingt einfacher machen. Aber sollte es nicht eigentlich so sein? Gottes Stimme zu hören sollte unser Leben einfacher machen. Dann wissen wir nämlich genau, was wir tun müssen. Abram wusste es jedenfalls. Doch: Die Stimme Gottes spricht so radikal in unser Leben hinein, dass wir gezwungen werden, mit uns selbst zu ringen, mit den Menschen, die wir lieben, und mit unserer Liebe für unsere Besitztümer.

Die Nachfolger Jesu machten dieselbe Erfahrung. Sie verstanden, dass sein Anspruch auf ihr Leben nicht nur oberflächlich war, sondern ihnen unter die Haut ging. Das warf für sie viele Fragen auf. Sie sollten in der Nachfolge Jesu nicht nur eine Liste von Gesetzen und Regeln befolgen, wie das viele religiöse Führer jener Tage verlangten. Jesus erwartete von ihnen nicht einfach nur, täglich zu beten oder am Wochenende in den Gottesdienst zu gehen. Er wollte seine Nachfolger nicht zu besseren Menschen machen. Er wollte sie durch die Erfahrung seiner Gnade nach und nach verändern. Das war derselbe Prozess, den Abram durchlief, von dem Tag an, als er die Stimme Gottes hörte.

Wenn wir dem Ruf der Gnade folgen, wird diese Entscheidung zum Nährboden für unseren Glauben. Die Fragen, die dabei auftauchen, sind gut. Sie lehren uns, nicht auf uns selbst zu vertrauen, sondern auf Gottes Kraft und Führung.

Verlass dich auf den Herrn von ganzem Herzen, und verlass dich nicht auf deinen Verstand, sondern gedenke an ihn in allen deinen Wegen, so wird er dich recht führen.

Abram lebte diesen Spruch. Abram verkörperte diese Worte. Ein anderer seiner Nachkommen wird ihn später zu Papier bringen. Ein anderer Mann im Stammbaum Jesu. Ein weiterer fehlerhafter Mensch, der gnädigerweise von Gott gebraucht wurde.

Die Gnade wird Sie entwurzeln. Die Gnade wird Ihr Herz an einen anderen Ort bringen. Die Gnade wird Sie so nahe an Gott heranführen, dass es Ihnen am Ende egal sein wird, was dieser „Umzug" Sie gekostet hat. Sie werden sogar freiwillig einiges an Ballast zurücklassen, weil Sie es nicht mehr tragen möchten. Die Gnade befreit und gibt Ihrem Leben einen Weitblick und eine Vision, die Sie sich niemals erträumt hätten. Die Gnade verändert Sie. Sie ist so etwas wie eine göttliche „Eingießung", die Ihnen die Kraft und die Fähigkeit verleiht, die Gnade Gottes auch an andere weiterzugeben. Man kann nur das weitergeben, was man selbst empfangen hat.

Abram hörte. Abram handelte. Er glaubte. Nicht in vollkommener Hinsicht. Nicht ohne den Versuch, selbst die Kontrolle zu übernehmen, wie wir im nächsten Kapitel noch sehen werden.

Sind Sie für Gottes Gnade bereit? Würden Sie sich gerne von

seiner Gnade erfüllen lassen? Hören Sie darauf, wie Gottes Gnade Sie ruft? Er lädt Sie ein, ihm entgegenzugehen, den ersten Schritt auf der Reise Ihres Herzens zu tun.

2. Kapitel

Lachen durch Gnade

ABRAHAM

*A*bram hörte den Ruf der Gnade und glaubte. Dann handelte er. Er machte sich mit seiner Frau, seiner Familie und seinen Habseligkeiten auf nach Kanaan. „Sind wir schon da?", war die Frage, die sich sein Herz immer wieder stellte.

Gott bestätigte seine Verheißung bei der Eiche More. Abrams „Nachkomme" würde dieses Land erben.

Doch (und bei Abram gibt es immer ein „Doch") es kam zu einer Hungersnot und Abram zog nach Ägypten. Die Schönheit seiner Frau und die Angst in seinem Herzen gewannen die Oberhand. Er erzählte den Ägyptern eine Halbwahrheit, nämlich dass seine Frau seine Schwester sei. Sarai wurde in den Palast des Pharaos gebracht und Gott strafte dafür dessen Haus.

Der Pharao konfrontierte Abram damit und fragte ihn, warum er ihm nicht die ganze Wahrheit gesagt habe. Abram lernte daraus: Erzähle keine Lügen über deine Frau. Versuche nicht, aus Angst die Situation zu kontrollieren. Gott wird sich um dich kümmern.

Dann machten sich Abram und seine Familie wieder auf den Weg. Abrams Wohlstand und sein Besitz vermehrten sich. Aber es gab keinen Erben, keinen Sohn der Verheißung.

Jahre später informierte Abram Gott über seine Kinderlosigkeit, so als wüsste es der Allmächtige nicht, und erinnerte ihn daran, dass er sich nicht an seinen Teil der Abmachung gehalten habe. Gott sprach erneut zu ihm und sagte, Abram werde einen Sohn bekommen. Er würde sogar noch nicht einmal in der Lage sein, die Anzahl der Menschen zu zählen, die aus seiner Abstammungslinie kommen würden.

Abram glaubte Gott.

Dann hörte Abram auf die Stimme seiner Frau. Die Angst stieg wieder in ihm auf. Sarai schlug Hagar, ihre Magd, als Leihmutter vor, um Gottes Verheißung Beine zu machen. Abram schlief mit Hagar und Ismael wurde gezeugt.

Einmal glaubte Abram Gott, und dann wieder nicht. Er vertraute, und dann übernahm er doch wieder selbst die Kontrolle.

Sehr viel später bekam Abram, der mittlerweile von Gott in Abraham (Vater vieler Völker) umbenannt worden war, eine weitere Chance, sein Vertrauen auf Gott zu zeigen. Er zog in eine Gegend, in der König Abimelech regierte, und er behauptete wieder, seine Frau sei seine Schwester. Gott warnte den König und Abimelech wurde furchtbar wütend auf Abraham.

Darin können wir ein Muster erkennen. Abraham wird zunächst durch seinen Glauben und sein Gottvertrauen angetrieben, doch dann wird er schwach und lädt Schuld auf sich. Aber Gottes Gnade bringt den verheißenen Sohn hervor, trotz Abrahams Versagen. Hier sehen wir erneut: Gottes Gnade ist am Werk (1. Mose 12,10-20; 1. Mose 15-16; 1. Mose 18,1-15).

Stellen Sie sich vor, Sie sind fünfundsiebzig und müssen noch einmal von vorne anfangen. Sie sind fünfundsiebzig und müssen sich sogar noch Ihren eigenen Umzugswagen bauen, so wie Noah seine Arche baute. Sie sind fünfundsiebzig, kinderlos, und Ihnen wird gesagt, dass Sie viele Nachkommen haben werden.

Du wirst viele Nachkommen haben, Abram. Und einer von diesen Nachkommen wird in ferner Zeit der verheißene Messias sein, der Gottes Plan, den er vor Erschaffung der Welt in Kraft gesetzt hat, zur Erfüllung bringt.

Was für eine Verheißung! Was für eine Zukunft!

Doch da gibt es ein Problem. Sie sind fünfundsiebzig und Sie haben keine Kinder. Und Ihre Frau ist – nun ja, sie ist schön, aber unfruchtbar. Das bringt Sie natürlich dazu, ähnlich wie Abram, Fragen zu stellen: Wie kann das sein? Wie soll das geschehen?

Die Bibel erzählt uns nicht, ob Abram so etwas wie „Bestimmt hast du recht, Gott, aber ..." gesagt hat. Wir lesen nur, dass Abram zusammengepackt hat und aufgebrochen ist. Er glaubte und handelte diesem Glauben gemäß. An ihm wurde Glaube erkennbar, ein Wirken der Gnade, die mit Gottes Botschaft an ihn begonnen hatte. Er *glaubte*, was Gott sagte.

Das Hören ist der erste Schritt im Glauben. Vertrauen ist der zweite Schritt. Das Handeln aus diesem Vertrauen, aus diesem Glauben heraus, das Aufbrechen, ist der dritte.

Als Abram und seine Familie an dem großen Baum More bei Sichem ankam, redete Gott erneut. Möchten Sie wissen, wie weit der Weg war, den Abram bis dahin zurückgelegt hat? Ungefähr sechshundert Kilometer! Das entspricht in etwa der Strecke zwischen Hamburg und Nürnberg. Oder der zwischen Aachen und Berlin. Und es gab dazwischen nicht *einen* McDonald's. Und keine Autobahnen. Und Abram besaß weder ein Navigationssystem noch eine App für sein Smartphone.

Das ist ein weiter Weg, wenn man zu Fuß unterwegs ist. Das ist ein großer persönlicher Einsatz. Und eine Menge Glaubensschritte. Aber wir erinnern uns: Abram wusste vorher nicht, wie weit er laufen musste und wie lange er brauchen würde. Er hatte einfach nur Gottes Wort, seine Verheißung.

Diese Verheißung brachte ihn zum Baum More. Lange vor Abram hatte Gott einen Garten mit einem Baum darin geschaffen und den ersten Mann und die erste Frau ins Leben gerufen. Jetzt begegnet er Abram bei einem Baum, dem Symbol für Wachstum und Schönheit und Leben. In dieser fruchtbaren Gegend leben schon viele Menschen, aber Gott erscheint Abram und sagt: *„Deinen Nachkommen* will ich dieses Land geben."

Abram hat vor Verwunderung bestimmt die Stirn gerunzelt. Er hat wahrscheinlich das Volk des Landes gesehen und die kanaanäischen Kinder, die über die Hügel streiften. Und er hat sich gefragt, wie Gottes Versprechen Wirklichkeit werden könnte. Schließlich war er schon fünfundsiebzig und seine Frau war unfruchtbar.

Vielleicht hatte Gott nur im übertragenen Sinn gesprochen? Vielleicht hatte er eigentlich gesagt: „Ich will dieses Land *den Nachkommen von anderen* geben ..."

Aber nein, die Verheißung war eindeutig! Abram würde Nachkommen haben. Gott hatte nicht nur Abram etwas versprochen. Er hatte einem Volk etwas versprochen, das noch gar nicht existierte. Gott hatte Gnade geschenkt für Menschen, die noch nicht geboren waren. Gnade für Abrams Familienstammbaum.

Und wenn man es weiterdenkt, auch Gnade für Sie und mich.

Abram baute Gott dort bei Sichem einen Altar. Dann zog er wieder los und errichtete einen anderen Altar und reise immer weiter in die Richtung, in die Gott ihn führte, bis in die Wüste Negev.

Und dort wird die Geschichte düster. Wegen einer Hungersnot macht sich Abram nach Ägypten auf, und als er gerade die Grenze überschreitet, als Reisender ohne Papiere, bekommt es Abram mit der Angst zu tun.

„Siehe, ich weiß, dass du eine schöne Frau bist", sagt er zu Sarai.

An dieser Stelle möchte ich allen Ehemännern sagen: Das ist kein schlechter Start für ein Gespräch mit Ihrer Frau. Sie auf ihre Schönheit anzusprechen, das ist eine gute Sache. Ich nenne das „Worte der Anerkennung". Aber die *Taten*, die Abrams schönen Worten folgten, waren verheerend.

„Wenn dich nun die Ägypter sehen", fährt Abram fort, „werden sie sagen: ,Das ist seine Frau', und werden mich umbringen und dich leben lassen. So sage doch, du seist meine Schwester, auf dass mir's wohlgehe um deinetwillen und ich am Leben bleibe um deinetwillen."

Abram behielt recht in Bezug auf seine Frau und die Reaktion der Ägypter. Als die Beamten des Pharaos sie sahen, erzählten sie es ihrem Chef und Sarai wurde in den Palast gebracht. Sie muss umwerfend ausgesehen haben. Abram ging es bei diesem Arrangement nicht schlecht, denn er bekam Schafe, Rinder, Esel und Sklaven. Doch nach kurzer Zeit ging im Haus des Pharaos alles drunter und drüber, weil Gott unter den Ägyptern Krankheiten ausbrechen ließ. Der Pharao war kein Dummkopf – er zählte eins und eins zusammen, konfrontierte Abram mit seiner Lüge, und der musste alles zugeben.

Abram hatte vor der langen Reise keine Angst gehabt, aber vor den Ägyptern. Seine Angst brachte ihn dazu, doch wieder selbst die Kontrolle zu übernehmen und hinterlistige Pläne zu schmieden, um seinen Kopf aus der Schlinge zu ziehen. Das aber kam nicht nur ihn teuer zu stehen, sondern auch andere um ihn herum. Denken wir nur daran, wie sich das auf seine Beziehung zu Sarai ausgewirkt haben muss. Sie wurde Zeugin seiner offensichtlichen Charakterschwäche. Und zweifellos beobachtete auch Lot, Abrams Neffe, sehr genau das Handeln seines Onkels.

Das Problem war nicht Abrams Angst an sich. Angst war erst einmal nur die natürliche Reaktion auf die vorgefundene Situation. Doch anstatt Gott zu vertrauen, vertraute Abram lieber auf sich selbst.

Machen wir nun in Abrams Leben einen Sprung nach vorne. Gott erscheint ihm in einer Vision. Rügt er ihn, weil er in Bezug auf seine Frau gelogen hat? Nein, er sagt: „Fürchte dich nicht, Abram! Ich bin dein Schild und dein sehr großer Lohn."

Hier sehen wir: Gottes Gnade spricht in Ihre tiefsten Bedürfnisse hinein. Gottes Gnade erkennt Ihre Schwäche und begegnet Ihnen genau dort. Bei Abram war es die überwältigende Furcht. Seine Angst hatte Macht über ihn. Deshalb erschien es ihm sinnvoll, die Situation selbst zu kontrollieren und sich einen Ausweg zu überlegen.

Haben Sie das auch schon einmal erlebt? Haben Sie es schon einmal zugelassen, dass die Umstände Ihr Gottvertrauen überlagerten?

Sehen Sie sich Abrams Reaktion an. An dieser Stelle werden zum ersten Mal seine Worte Gott gegenüber berichtet.

„Herr, mein Gott, was willst du mir geben? Ich gehe dahin ohne Kinder und mein Knecht Eliëser von Damaskus wird mein Haus besitzen … Mir hast du keine Nachkommen gegeben; und siehe, einer von meinen Knechten wird mein Erbe sein."

Man muss Abram zugutehalten, dass er ehrlich war. Er wandelte im Schauen, nicht im Glauben. Er versuchte, sich die Sache zu erklären – *Herr, du hast damals etwas über Nachkommen gesagt, aber ich glaube, du hast vergessen, dass ich einen Sohn brauche.* Abram will jetzt aus Angst nicht mehr nur die Situation, sondern sogar Gott selbst kontrollieren.

Haben Sie das auch schon einmal erlebt? Haben Sie schon einmal versucht, die Umstände zu manipulieren? Haben Sie schon einmal versucht, Gott zu helfen, damit er sich an Ihren Zeitplan halten kann? Wenn das so ist, dann vereiteln Sie im Grunde genommen das Wirken seiner Gnade.

Aus Abrams Perspektive sieht es natürlich so aus, als wollte er Gott nur an seine Verheißung in Bezug auf ein Kind erinnern, an die versprochene Nachkommenschaft. Er wollte Gott doch nur helfen, auf der Spur zu bleiben!

„Und siehe, der Herr sprach zu ihm: „Er soll nicht dein Erbe sein, sondern der von deinem Leibe kommen wird, der soll dein Erbe sein." Und er hieß ihn hinausgehen und sprach: „Sieh gen Himmel und zähle die Sterne; kannst du sie zählen?" Und sprach zu ihm: „So zahlreich sollen deine Nachkommen sein!"

Finden Sie es nicht wunderbar, wie Gott diesem zweifelnden Mann antwortet? Er könnte doch irgendeinen anderen Vergleich benutzt haben. Er hätte von Kleinvieh, kanaanäischen Kindern oder Ähnlichem reden können, doch stattdessen verwies er Abram auf die Sterne, die er selbst geschaffen hatte – und die Sterne hinter den Sternen, die Abram noch nicht einmal sehen konnte.

In seiner unbegrenzten Barmherzigkeit nimmt Gott Abram zur Seite und erklärt es ihm ganz eindrücklich: Du, Abram, wirst einen Sohn bekommen. Gott weist Abram nicht zurecht. Er wendet sich ihm liebevoll, barmherzig und gnädig zu.

Ich weiß, dass du Angst hast. Ich weiß, dass du nicht verstehst. Ich will es dir noch einmal erklären. Hör mir gut zu: Du wirst einen Sohn bekommen, und er wird Kinder haben, und die werden Kinder haben. Du verstehst noch nicht, welche unglaubliche Kraft hier am Werk ist.

Diese Kraft ist Gottes unglaubliche Gnade in Aktion.

Das ist der faszinierende, glaubenweckende Aspekt der Geschichte. Die Bibel berichtet uns: „Abram glaubte dem Herrn und das rechnete er ihm zur Gerechtigkeit."

Die Gnade Gottes will Ihre Angst durchbrechen. Die Gnade Gottes will sich Ihrer Zweifel annehmen. Wenn Sie auf Gottes Stimme hören und ihr vertrauen, wird Gott Ihren Glauben und Ihr Vertrauen belohnen. Gott will selbst den Glauben in Ihnen wecken und Ihnen dann diesen Glauben zugutehalten.

Verpassen Sie das nicht. Die Gnade, die Abram erfahren darf, ist dieselbe Gnade, die uns in Jesus entgegenkommt.

Es gibt keine Garantie dafür, dass Sie nicht wieder rückfällig werden und dass die Angst nicht wieder zurückkehrt. Bei Abram ist es passiert. Dieses Mal kommt Sarai zu Abram und denkt, sie hat herausgefunden, wie es gehen kann. Wenn Abram mit ihrer Magd Hagar schläft, dann wird das vielleicht zu einem Sohn führen.

Zwischen den Zeilen kann man lesen, wie Sarais Bedenken in Bezug auf Gottes Verheißung größer werden. Vielleicht hatte sie Angst, zu versagen. Vielleicht hatte sie das Gefühl, es sei ihre Schuld, dass es noch keinen Erben gab. Vielleicht glaubte sie, der Verheißung Gottes im Weg zu stehen.

Für Abram wäre das eine perfekte Gelegenheit gewesen, Gottvertrauen zu zeigen. Er hätte sagen können: „Sarai, ich habe schon einmal einen Fehler gemacht, als ich meiner Angst nachgegeben habe, und das werde ich nicht noch einmal tun. Ich werde glauben, dass Gott fähig ist, aus unserer Vereinigung heraus ein Kind entstehen zu lassen."

Doch Abram sagt das nicht. Anstatt die Gelegenheit zu nutzen, sich Gottes Plan anzuvertrauen und dem zu glauben, was er (schon zweimal) gehört hat, schläft er mit Hagar. Er ist fünfundachtzig und hat keinen Sohn, bis er schließlich durch Hagar der Vater von Ismael wird. Das führt jedoch zu langfristigen Komplikationen.

Vierzehn Jahre später, als Abram neunundneunzig ist, erfüllt Gott sein Versprechen ihm gegenüber und unterstreicht das, indem er Abrams Name in *Abraham* ändert, Vater vieler Völker. Gott gibt auch Abrahams Frau einen neuen Namen, Sara, und verfügt, dass der Sohn, der geboren werden wird, Isaak heißen soll.

Das ist die Gnade Gottes. Die außergewöhnliche, mächtige Gnade Gottes, die Tote ins Leben ruft. Die Kinder aus verdorrten Leibern hervorbringt, obwohl sie ihre fruchtbaren Jahre schon längst überschritten haben. Und der ihnen die Kraft gibt, einen Sohn großzuziehen.

Abraham zieht schließlich in das Gebiet Abimelechs, und obwohl er Angst hatte, war er nun tapfer und vertraute auf Gott. Oder? Nein, leider nicht. Abraham log erneut, was seine Frau betraf, und das alte Spiel begann von Neuem. Neuer Name, alte Angst. Die Angst aber brachte Sünde hervor, und die Sünde hatte Konsequenzen, die alle betrafen.

1. Mose 21 offenbart die Erfüllung von Gottes Verheißung.

„Und der Herr suchte Sara heim, wie er gesagt hatte, und tat an ihr, wie er geredet hatte. Und Sara ward schwanger und gebar dem Abraham in seinem Alter einen Sohn um die Zeit, von der Gott zu ihm geredet hatte. Und Abraham nannte seinen Sohn, der ihm geboren war, Isaak, den ihm Sara gebar, und beschnitt ihn am achten Tage, wie ihm Gott geboten hatte. Hundert Jahre war Abraham alt, als ihm sein Sohn Isaak geboren wurde.

Und Sara sprach: „Gott hat mir ein Lachen zugerichtet; denn wer es hören wird, der wird über mich lachen." Und sie sprach: „Wer hätte wohl von Abraham gesagt, dass Sara Kinder stille! Und doch habe ich ihm einen Sohn geboren in seinem Alter."

Angst, von der wir uns beherrschen lassen, führt dazu, dass wir schlechte Entscheidungen treffen. Gottes Gnade jedoch führt zum Segen. Befinden wir uns im Griff der Angst, dann bringt das Schmerzen und Verletzungen hervor. Gottes Gnade jedoch bewirkt Freude und Lachen.

Stellen wir uns nur einmal den Anblick dieser alten Frau mit ihrem neugeborenen Baby auf dem Arm vor, den Ausdruck auf ihrem Gesicht und den Ausdruck auf Abrahams Gesicht! Das waren die Gesichter von zwei vor Staunen und Freude überwältigten Menschen, die einfach nicht fassen konnten, was sie da sahen. Gottes Verheißung war wahr geworden.

Die Gnade, die Sie empfangen, wird Sie verändern. Sie gestaltet Ihre Sicht auf das Leben um. Sie überwindet die Angst, egal wie lange es braucht, um diese Lektion zu lernen. Gottes Gnade schenkt Ihnen Segen, und nicht nur Ihnen, sondern auch den Menschen um sie herum. Gottes Gnade führt zu Lachen und Freude und zu Leben aus dem Tod.

Jesus, der Verheißene, der aus der Linie Abrahams und König Davids stammt, kam, um uns mit „Gnade und Wahrheit" zu beschenken. Im Matthäusevangelium, das für jüdische Leser geschrieben wurde, stellt der Autor klar, dass jeder den einzigartigen Familienstammbaum Jesu versteht. Die Linie des Messias musste über König David laufen. Aber Matthäus berichtet seinen Lesern auch von der Verbindung, die ganz weit zurückführt bis hin zu der Segensverheißung, die Gott Abraham gegeben hatte.

In einer dramatischen Szene, die im 8. Kapitel des Johannesevangeliums berichtet wird, gerät Jesus mit religiösen Lehrern aneinander, die sich mit seiner Botschaft nicht anfreunden können. Sie verstehen weder das Wirken Gottes noch die Person Gottes noch die Gnade Gottes.

Jesus sagt: *„Wenn ihr bleiben werdet an meinem Wort, so seid ihr wahrhaftig meine Jünger und werdet die Wahrheit erkennen, und die Wahrheit wird euch frei machen."*

„Wir sind Abrahams Kinder", antworten sie ihm, „und sind niemals jemandes Knecht gewesen. Wie sprichst du dann: ‚Ihr sollt frei werden'?"

Jesus bot ihnen einen anderen Weg an, ein anderes Verständnis von Gott. Ihr Leben war voll von Schuld, aber sie konnten es nicht sehen. Sie hatten Angst vor der Lehre Jesu, weil sie ihrem

Ich-gehöre-zu-Gott-weil-ich-mich-an-die-Regeln-halte-Glauben entgegenstand. Sie dachten, ihr Tun würde sie vor Gott gerecht machen, doch das gefiel Gott nicht.

Jesus antwortete und sagte: *„Ich sage euch: Wer Sünde tut, der ist der Sünde Knecht. Der Knecht bleibt nicht ewig im Haus; der Sohn bleibt ewig. Wenn euch nun der Sohn frei macht, so seid ihr wirklich frei. Ich weiß wohl, dass ihr Abrahams Kinder seid; aber ihr sucht mich zu töten, denn mein Wort findet bei euch keinen Raum. Ich rede, was ich von meinem Vater gesehen habe; und ihr tut, was ihr von eurem Vater gehört habt.“*

Von hier an wendet sich das Gespräch zum Schlechteren, weil Jesus seinen Gesprächspartnern sagt, ihr Vater sei weder Abraham noch Gott, sondern der Teufel. Man kann den verletzten Stolz der Anführer geradezu fühlen. Für sie klingt das unverschämt – sogar blasphemisch. Jesus beschuldigt sie nicht nur, Sünder zu sein, er sagt sogar, dass sie Gottes Werk vereiteln, Gottes Wahrheit und Gnade verschmähen. Sie erkennen nicht, dass der Mann, mit dem sie reden, Abraham ins Leben gerufen und das gesamte Universum geschaffen hat.

Jesus weist sie zurecht und sagt schließlich:

„Abraham, euer Vater, wurde froh, dass er meinen Tag sehen sollte, und er sah ihn und freute sich.“ Da sprachen die Juden zu ihm: „Du bist noch nicht fünfzig Jahre alt und hast Abraham gesehen?“ Jesus sprach zu ihnen: „Wahrlich, wahrlich, ich sage euch: Ehe Abraham wurde, bin ich.“ Da hoben sie Steine auf, um auf ihn zu werfen. Aber Jesus verbarg sich und ging zum Tempel hinaus.“

Abraham war ein Erbe verheißen worden, Isaak. Aber Gott hatte versprochen, dass es noch einen anderen Erben geben sollte, der eines Tages kurzen Prozess mit der Sünde machen würde. Ohne das Opfer Jesu wären wir ohne Hoffnung. Doch dank Gottes Gnade sind wir frei, nicht mehr länger durch die Sünde gebunden.

Gottes Gnade rief Abraham, hielt Abraham aufrecht und gab ihm das, was verheißen war.

Versetzen Sie sich in Abraham hinein: Sie sind neunundneunzig und halten ihren Sohn im Arm. Das ist unglaubliche, ungewöhnliche Gnade.

3. Kapitel

Der Weg der Schande, oder: Lehren von einer Prostituierten

Rahab

Rahab war eine Amoriterin, die kein schönes Leben hatte. Sie war eine Prostituierte. Das hält die Bibel vor uns nicht verborgen. Sie hat sich für Geld an Männer verkauft. Ihr Haus war in die Stadtmauer von Jericho hineingebaut und ein beliebter Anziehungspunkt für Männer.

Zwei Männer aus dem Lager der Israeliten besuchten ihr Haus. Sie waren von ihrem Anführer Josua losgeschickt worden, um Jericho auszuspähen und die Situation vor Ort zu erkunden. Der König der Stadt erfuhr von den ungebetenen Besuchern und ließ Rahab die Nachricht überbringen, sie solle die Spione ausliefern. Anstatt zu gehorchen, versteckte Rahab die beiden Männer jedoch und belog die Stadtoberen. Sie brachte sie dazu, die Männer zu verfolgen, die aber noch gar nicht geflohen waren.

Rahab stieg auf das Dach, wo sich die Männer versteckt hielten, und sprach mit ihnen. Sie vertraute ihnen an, was sie über die Israeliten wusste, was sie über Gott wusste, was Gott schon für die Israeliten getan hatte, und wie die Leute im Land vor ihnen Angst hatten. „Denn der Herr, euer Gott, ist Gott oben im Himmel und unten auf Erden."

Rahab traf eine Absprache mit den Spionen, die ihr Leben wie auch das Leben ihres Vaters, ihrer Mutter und ihrer ganzen Großfamilie einschloss. Sie bat darum, ihrer aller Leben zu schonen, und die Spione willigten ein, sie und ihre Familie gnädig zu behandeln. Rahab sollte als Zeichen ein rotes Seil in ihr Fenster hängen und ihre Familie in ihrem Haus versammeln, wenn die Belagerung begann.

Sie half den Spionen, sich an einem Seil die Stadtmauer hinunterzulassen, und als diese bei Josua ankamen, berichteten sie ihm alles. Der Anführer der Israeliten wusste, dass Gott dadurch bestätigte, dass er das Land in ihre Hände gegeben hatte. Als die Israeliten mit der Bundeslade den Jordan überquerten, verschlossen die Einwohner von Jericho alle Tore. Sechs Tage lang umkreisten die Israeliten die Stadt, bis am siebten Tag auf wundersame Weise die Mauern von Jericho einstürzten. Rahab und ihre Familie waren die einzigen Einwohner Jerichos, die den darauffolgenden Kampf überlebten.

Rahab wohnte von da an unter den Israeliten und wurde zu einer der Ahnfrauen des Messias. Rahab, eine Ausländerin, eine Prostituierte, eine Frau, die Schuld auf sich geladen hat (Josua 2 + 6).

Sie ist zwischen dreißig und vierzig Jahren alt, vielleicht auch zwischen vierzig und fünfzig. Sie liebt ihre Familie. Aber irgendetwas fehlt. Irgendetwas nagt im tiefsten Inneren an ihr. In ihrer Seele ist ein Loch, das niemand ausfüllen kann. Nicht einmal Gott.

Das denkt sie jedenfalls.

Sie kommt in mein Seelsorgezimmer mit einem traurigen Lächeln auf den Lippen, an dem man ablesen kann, dass sie sich deplatziert fühlt. Sie dürfte eigentlich nicht hier sein, denkt sie sich wohl. Warum sollte sie alte Geschichten wieder aufwärmen? Aber Menschen kommen nicht zum Plaudern in mein Büro. Sie kommen, weil sie verzweifelt sind. Weil sie keine Antworten mehr haben. Weil sie aller Hoffnung beraubt sind.

Ich nenne sie Julie. Ihr Problem ist ihre Vergangenheit. Sie kocht wieder hoch und sie kann den Deckel nicht länger herunterdrücken. Sie bekommt das, was sie über sich weiß, nicht mit dem zusammen, was sie über Gott weiß. Sie fühlt sich schmutzig und schämt sich.

Julie und Rahab haben eine Menge gemeinsam. Rahab hatte eine unangenehme Vergangenheit. Als das Buch Josua sie uns vorstellt, hat sie auch gerade keine angenehme Gegenwart. Sie hatte wenig Hoffnung für ihre Zukunft. Sie war eine sichere Kandidatin für das Gericht Gottes. Sie war keine von den „Auserwählten" oder den „Gesegneten". Sie war eine Amoriterin. Und sie war eine Prostituierte. Das sind schon zwei Punkte, die sie belasten. Dazu kamen noch die Israeliten, die durch das Verheißene Land marschieren und im Begriff standen, Rahabs Stadt in einen Trümmerhaufen zu verwandeln.

Erinnern Sie sich noch an die Kanaaniter aus Abrahams Zeiten? Das waren die Leute, die schon vor Abraham im Verheißenen Land lebten und die es ohne Zweifel mit unendlich vielen

Kindern gefüllt hatten. Und da war Abraham, kinderlos. Aber Gott hatte Abraham versprochen, dass er ihm dieses Land und Nachkommen geben würde. Und nun steht seine Familie vor den Toren Jerichos. Obwohl es aussieht, als würde das Gericht drohen, kommt die Gnade zu Rahab nach Jericho.

Wenn man alle Bewohner Jerichos vor den Israeliten aufgestellt hätte, wäre sicher niemand da gewesen, der für Rahab Partei ergriffen hätte. Sie war keine von den Menschen, die man gerne und als Erstes rettet.

Jericho war eine Stadt voller Furcht. (Erinnern Sie sich daran, was die Angst im Leben von Abraham bewirkt hat?) Die Bewohner hatten von dieser Horde gehört, die trockenen Fußes durch den Jordan gezogen war. Gott tat Wunder, eins nach dem anderen, führte sie an, leitete sie, bereitete ihnen den Weg. Und den Bewohnern Jerichos saß die Angst in den Knochen. „Alle Bewohner des Landes" waren „feige geworden".

Rahab wusste *von* Gott, aber sie *kannte* ihn nicht. Sie ahnte nicht, dass er ein Gott der Gnade ist. Selbst damals, selbst in dieser Wir-machen-überhaupt-keine-Gefangenen-Periode, war Gottes Gnade da. Rahab verhandelte mit den Spionen und sagte ihnen, dass ihr Gott der oberste Gott ist.

„So schwört mir nun bei dem Herrn, weil ich euch Barmherzigkeit getan habe, dass auch ihr an meines Vaters Hause Barmherzigkeit tut, und gebt mir ein sicheres Zeichen, dass ihr leben lasst meinen Vater, meine Mutter, meine Brüder und meine Schwestern und alles, was sie haben, und uns vom Tode errettet."

Die beiden Spione, die in die Stadt geschickt worden waren, vereinbarten mit Rahab, sie und ihre Familie zu schützen. Aber sie hatte damals noch keine Ahnung, dass sie viel mehr geschenkt bekommen würde als nur ihre Sicherheit. Mehr als nur ihr Leben. Gottes Gnade hatte einen Plan mit ihr. Gottes Gnade hatte Zukunft und Hoffnung für sie.

Auch heute plagen Menschen dieselben Ängste und Missverständnisse in Bezug auf Gott. Manche wurden durch andere Christen verletzt. Manche leiden unter Wunden, die sie sich selbst zugefügt haben. Sie glauben, dass Gott nur ein strafender Gott ist. Dass sich für sie nichts jemals verändern wird.

Sehen Sie sich Rahabs Leben an. Es war für sie eine einzige große Enttäuschung. Als Kind hatte sie mit Sicherheit wie alle Frauen Jerichos diesen Traum von einem hübschen Häuschen und einem netten Ehemann, drei Kindern und einer eigenen Ziege gehabt. Was auch immer ihr Traum gewesen war, er hatte sich nicht erfüllt. Sie war eine Prostituierte geworden. Sie ließ Männer in ihr Haus hinein und war ihnen gegen Bezahlung zu Diensten. Vielleicht hat sie sich ihnen für Geld, für Essen, für eine Milchziege oder für Gerätschaften hingegeben. Was Gott als Ausdruck inniger Liebe zwischen Ehepartnern und zur Zeugung von Kindern vorgesehen hatte, war nun einfach ihr Job. Ein Job, um ein entbehrungsreiches Leben etwas leichter zu machen.

Jeder Tag wurde für sie eine neue Übung in Sinnlosigkeit. Es gab Aufgaben im Haus und für die Familie zu erledigen, Essen musste zubereitet und Wasser geholt werden, Sonnenauf- und Sonnenuntergang wechselten sich in schier endloser Reihe ab und immer wieder begann ein neuer, mühevoller Tag.

Sie kannte die Sehnsüchte der Männer, aber sie kannte nicht die Sehnsucht Gottes. Gab es so etwas wie eine Ahnung in ihrem Herzen, dass das Leben doch noch mehr für sie bereithalten müsste? Gab es so etwas wie einen Funken Hoffnung in ihr, dass auch sie dieser Feuer- und Wolkensäule folgen könnte, die Meere teilte und befestigte Städte zerstörte?

Gab es so etwas wie ein besonders niederschmetterndes Ereignis in ihrem Leben, das dem Augenblick vorausging, in dem die Männer Israels sich in die Stadt schlichen und sie in ihrem Haus am Rand der Stadtmauer aufsuchten?

Wir kennen nicht alle Hintergründe von Rahabs Leben, auch nicht die Situation, in der sie sich befand, als die Spione vor ihrer Tür standen. Aber wir ahnen, dass Gott so etwas besonders gerne macht – sich in die Stadt zu schleichen und mit denen zu reden, die am Rande stehen. Er liebt es, sich bei denen bekannt zu machen, die *wissen*, dass sie sein Wohlwollen nicht verdienen. Er ist ein seltsamer Gott, denn er erwählt Menschen, die wir nicht erwählt hätten. Er gibt sich mit Sündern ab, Menschen wie Sie und ich. Er zeigt seine Liebe ganz offen auch den Leuten, mit denen wir uns nicht unbedingt abgeben wollen würden. Menschen wie Rahab.

„Rahab, die Hure." Durch die Jahrhunderte hindurch hat man Rahab so gebrandmarkt und in eine Schublade gesteckt. Sie wurde mit einem Schimpfwort belegt, um ihre Menschlichkeit und Würde zu verdecken. Sie wurde durch das definiert, was sie getan hat. Sie wurde behandelt wie eine Aussätzige oder wie jemand, der keiner Beachtung wert ist. So wie der Hirtenjunge David, der es nicht wert war, überhaupt zum Auswahlverfahren hinzugeholt zu werden. Oder so wie Jesus, der Sohn eines Zimmermanns aus einem kleinen Dorf auf dem Land.

Kann aus Nazareth etwas Gutes kommen?

Denken wir nur daran, wie so etwas heute passiert. Die Leute brandmarken Sie, weil Sie Christ sind. Wenn Sie glauben, dass Gott alles geschaffen hat, dann müssen Sie minderbemittelt sein, ein Einfaltspinsel, einer, der noch denkt, dass die Erde eine Scheibe ist. Sie sind nicht aufgeklärt genug und auf dem Marktplatz moderner Konzepte nicht willkommen, obwohl Ihre Stimme dort verzweifelt gebraucht wird.

Traurigerweise tun wir als Christen oft genau das Gleiche: Wir brandmarken andere und stecken sie in Schubladen, und indem wir das tun, schließen wir sie aus, richten über sie und halten Menschen, die Gottes Gnade brauchen, von uns fern. Ein Nachbar wirbt auf seinem Auto für einen Politiker, den wir nicht mögen, also schreiben wir ihn ab. Ein Kind in Ihrer Straße verhält sich unverschämt oder grüßt Sie nicht, als Sie vorübergehen. Ein Arbeitskollege flucht ständig. Ein anderer hat Tätowierungen, die Ihnen nicht gefallen. Die Liste ist endlos.

Es ist typisch menschlich, dass wir die mögen, die so sind wie wir, die genauso denken wie wir, die unsere Musik hören, die ihr Haus in den Farben streichen, in denen wir es auch gestrichen hätten.

Aber das ist, Gott sei Dank, nicht der Weg Gottes, nicht der Weg der Gnade.

Julie, von der ich anfangs erzählte, hat dasselbe Problem. Sie erkennt ihre Würde und ihren Wert nicht mehr, nachdem sie Erfahrungen gemacht hat, die sie schließlich zu mir zu einem seelsorgerlichen Gespräch gebracht haben. Sie misst ihre Menschlichkeit an nichts anderem als an ihrer Vergangenheit, die weiterhin wie eine dunkle Wolke über ihr hängt.

Wie sieht nun der Weg der Gnade aus?

Hunderte von Jahren nach dem Tod von Rahab sitzt ein Mann allein in der Mittagssonne an einem Brunnen. Er ist müde und durstig und er möchte sich einfach nur erfrischen und ein wenig ausruhen, während seine Anhänger etwas zu essen besorgen.

Eine Frau, die in der Stadt einen zweifelhaften Ruf genießt, kommt zum Brunnen. Sie ist keine Prostituierte, aber sie könnte eine sein. Weil er religiös ist, weil er ein heiliger Mann ist, hat er jedes Recht, wegzugehen oder ihr wenigstens den Rücken zuzudrehen, damit er sie nicht sehen muss. Er hat das Recht, und manche würden sogar sagen, die Pflicht, sie stillschweigend zu übersehen.

So machen wir es jedenfalls oft. So verhalten wir uns gegenüber anderen Menschen, und nennen das dann „gerechte Entrüstung" oder heiliges Leben. Doch das ist nicht die Art, wie die Gnade wirkt.

Die Art der Schande definiert einen Menschen allein über das, was er getan hat.

Die Art der Gnade definiert einen Menschen darüber, wer ihn liebt.

Die Art der Schande schaut nur auf das, was man sieht.

Die Art der Gnade sieht tiefer, ins Herz hinein.

Der Mann beschäftigt sich mit ihr. Er fragt nach etwas – einem Schluck Wasser. Und indem er das tut, wendet er sich ihr in empörender Gnade zu. Empörend für den oberflächlichen Beobachter. Manche der ganz frommen Leute im Ort würden sich alleine schon deshalb aufregen, weil er die Frau anspricht. Warum sollte ein angesehener Lehrer so etwas tun?

Könnte die Antwort zum Teil darin zu finden sein, dass

Jesus in der Frau eine Widerspiegelung seines eigenen Familienstammbaumes sah? Er hätte ihr sagen können: Du erinnerst mich an meine Urururur...großmutter. Sie hieß Rahab.

Aber das hat er nicht gesagt, natürlich nicht. Er wollte nicht, dass sich ihre Begegnung um ihn drehte, denn hier ging es um *sie* und ihre Not. Es ging um ihr tiefstes Bedürfnis. Ein Bedürfnis, von dem sie vielleicht geglaubt hat, es würde niemals gestillt werden. Doch bei dieser zufälligen Begegnung am Brunnen setzen sich die Puzzlestücke ihres Lebens plötzlich zusammen. Sie erkennt, dass dieser Mann derjenige ist, nach dem sie ihr Leben lang Ausschau gehalten hat. Das ist die Liebe, die sie verzweifelt gesucht und bei niemandem in Sychar gefunden hat.

Wir haben alle unsere Leichen im Keller. Menschen in unserem Familienstammbaum, die wir gerne übergehen oder verstecken würden. Wenig ehrenwerte Typen im Familienalbum.

Aber Rahabs Problem waren nicht die Leichen im Keller, sondern die Dinge, die sie selbst unter den Teppich gekehrt hatte. Die Dinge, die sie getan hatte, um Essen auf den Tisch zu bekommen. Die Verachtung, die sie auf sich gezogen hatte, weil sie war, wer sie war.

Sie hatte allen Grund, vor Gott davonzulaufen. Sie hatte allen Grund, die Spione zu fürchten, die die Israeliten ausgesandt hatten, oder Angst vor den Oberen von Jericho zu haben. Aber irgendetwas zog sie zu diesen Menschen hin, die durch die Wüste marschierten. Irgendetwas zog sie zu dem Gott hin, der auf wunderbare Weise ein Volk durch die Einöde geführt hatte.

Vielleicht erkannte sie, dass sie in ihrem eigenen Leben ein

Wunder dringend nötig hatte. Vielleicht war dieses Bedürfnis größer als die Angst, die sie vor den anderen Bewohnern der Stadt empfand. Sie hatte ein Leben in Schande und Erniedrigung geführt und gab sich nun ganz der Suche hin nach etwas, das ihrem Leben Sinn verleihen würde. Sie überlässt sich der Barmherzigkeit derer, die sie versteckt hatte. Sie vertraut sich ganz und gar einem Volk an, das sie nicht kennt, und einem Gott, den sie nicht versteht.

Bis die Gnade ganz unerwartet in ihr Leben tritt.

Diese Gnade wird nicht nur in ihrem Leben tief greifende Auswirkungen haben, sondern auch in den Leben derer, die nach ihr kommen. Sie werden an Rahab erkennen können, wie groß die Gnade und Liebe Gottes ist.

Der Autor des Hebräerbriefes schreibt: „Durch den Glauben kam die Hure Rahab nicht mit den Ungehorsamen um, weil sie die Kundschafter freundlich aufgenommen hatte."

Manche fragen sich jetzt vielleicht, ob die Geschichte von Rahab uns nicht eigentlich sagen will, dass Gott nichts gegen Lügen hat. Aber hat Gott Rahab geehrt, weil sie den König von Jericho in die Irre geführt hat? Keineswegs. In der Bibel werden viele Dinge wahrheitsgetreu berichtet, die Gott nicht gutheißt und an denen wir uns auch kein Beispiel nehmen sollen. Das ist einer der Gründe, weswegen man der Heiligen Schrift vertrauen kann. Sie versteckt die Wahrheit nicht unter einem süßen Sahnehäubchen. Sie verkleidet das, was für die Menschen damals offensichtlich war, auch nicht in politisch korrekte Redeweisen.

„Rahab war eine gottesfürchtige Frau, die nur ein paar Fehler hatte." Das ist nicht wahr.

„Rahab lud gerne Gäste zu sich ins Haus ein, und so kam es, dass sie eines Tages zwei Spione aus Israel kennenlernte …"

Nein. Rahab war eine Prostituierte. Punkt. Es gibt keinen

Grund dafür, dass sich Gott jemandem mit einem so schlechten Ruf und Lebenswandel zuwenden sollte.

Doch das ist der Weg der Gnade.

Und das ist der Weg, auf dem Gott auch in Ihrem Leben wirken möchte, wenn Sie ihn lassen. Gott reicht es nicht, wenn Sie einfach nur etwas über ihn wissen. Sein Ziel für Ihr Leben ist es nicht, dass Sie vor ihm Angst haben. Sein Verlangen ist es, Sie durch Gnade zu sich zu ziehen, in welcher Situation auch immer Sie gerade sind, und in Ihrem Leben seine Liebe und Barmherzigkeit zu offenbaren.

Vielleicht würden Sie Gott am liebsten sagen: „Aber verstehst du denn nicht? Du weißt nicht, was ich getan habe! Oder was mir angetan worden ist."

Wir wissen Folgendes: Rahab war eine Prostituierte. Sie verkaufte ihren Körper. Sie lebte am Rande der Gesellschaft. Und sie lebte am Rande der Stadt in einem Haus, das in die Stadtmauer von Jericho hineingebaut war. Sie könnte nicht noch weiter am Rande des Lebens gestanden haben. Der biblische Bericht sagt nichts davon, ob sie einen Ehemann hatte, bevor die Spione zu ihr kamen. Vielleicht war er gestorben und sie hatte sich der Prostitution zugewandt, um sich und ihre Familie zu versorgen. Vielleicht war sie aber auch nie verheiratet gewesen und irgendwie zur Prostitution gekommen.

Es gibt vieles, was wir nicht wissen. Doch wir wissen dies: Gott hat Rahab in seiner Gnade dazu erwählt, eine Urahnin von Jesus, dem Messias, zu werden. Gott hat in seiner unendlichen Barmherzigkeit entschieden, dass diese verachtete und zurückgewiesene Person die Frau von König Davids Ururgroßvater Salmon werden sollte.

Doch zunächst war Rahab eine Frau in Not. Genau wie Julie. Da gibt es etwas in ihrer Vergangenheit, etwas in ihrem Leben, etwas im Zentrum ihres Daseins, das Heilung braucht. Kein noch so großer Erfolg und kein positives Denken kann diese Not stillen. Sie kann nicht durch einfache Rezepte und ein Buch über positives Denken gelindert werden.

Es gibt eine Szene in Shakespeares *Macbeth*, die Rahabs Problematik auf hervorragende Weise deutlich macht. Lady Macbeth hat ihren Mann dazu ermutigt, König Duncan umzubringen, wodurch sie Königin von Schottland wird. In einer bekannten Szene reibt sie sich, schlafwandelnd, unsichtbare Blutspuren von den Händen: „Hier riecht es immer noch nach Blut. Alle Parfüme Arabiens können diese Hand nicht wohlriechender machen. Oh, oh, oh!" Egal wie sehr sie reibt, das Blut des Ermordeten verfolgt sie und treibt sie letztlich in den Wahnsinn.

Was Rahab brauchte, was Julie nötig hatte und was Sie und ich brauchen, ist eine Reinigung, die bis in die Tiefen der Seele dringt. Wir haben es nötig, in der reinigenden Gnade Gottes zu baden. Sie kann die dunklen Flecken auf unserer Seele abwaschen, die wir selbst nicht entfernen können, sosehr wir uns auch darum bemühen – Verletzungen, die wir erlitten, falsche Entscheidungen, die wir getroffen haben und anderes mehr.

Die großartige Nachricht, das unglaubliche, unvorstellbare Angebot Gottes ist Folgendes: dass das Unheilige heilig, das Befleckte rein werden kann. Nicht, weil wir Gott etwas anzubieten hätten, sondern allein aufgrund der Güte und der Barmherzigkeit unseres Schöpfers.

Der einzige Weg zu wahrer Heilung und Ganzheit ist es, dass wir Gott erlauben, so in unserem Leben zu wirken, wie er wirken will. Wenn wir den Prozess der Reinigung und Heilung durch Gott mithilfe unserer *eigenen* Anstrengungen umgehen wollen, verpassen wir Entscheidendes. Wir verpassen seine Gnade.

Rahab wurde nicht gerecht und wurde nicht in die Ruhmeshalle der Glaubenshelden im Hebräerbrief aufgenommen, weil sie einen Dienst unter Prostituierten angefangen hätte. Sie wurde nicht von Gott ermutigt und gebraucht, weil sie ihr Leben in Ordnung gebracht und Bibelstudien geleitet oder Spenden für das örtliche Zentrum für Schwangere in Not gesammelt hätte.

Rahab *glaubte.*

Sie glaubte, dass Gott existiert. Sie glaubte, dass er mächtig und der einzig wahre Gott ist. Sie glaubte, dass er in den Nachkommen Abrahams am Wirken war und über unbegrenzte Macht verfügte. Und in gewisser Weise glaubte sie auch, dass dieser Gott die Kraft hatte, ihr Leben zu verändern.

Um heil zu werden, muss Julie auf dieselbe Weise vertrauen und glauben. Sie muss dem Glauben schenken, was *Gott* über sie denkt, und nicht auf die Stimmen hören, die ihre vergangene und vergebene Schuld wieder zum Vorschein bringen wollen. Mitten in ihrer Angst und Unsicherheit muss sie die „Spione" willkommen heißen. Eine Kleinigkeit. Sie muss die Tür für die Wahrheit öffnen.

Wahrheit und Gnade. Wenn Sie Gott vertrauen und diesen beiden „Spionen" die Tür öffnen, wenn Sie die Wahrheit über sich selbst erkennen und über Gott, dann werden Sie auch die positiven, weitreichenden Auswirkungen erahnen, die seine Gnade in ihrem Leben haben kann. Die Wahrheit wird Sie zur Umkehr und Buße führen, und Gottes Gnade wird Ihnen Hoffnung geben.

Als Seelsorger kann ich Julies Herz nicht verändern. Ich kann Fragen stellen und ihr einen guten Weg aufzeigen, aber ich kann sie nicht dazu bringen, die Wahrheit zu erkennen – es sei denn, sie entscheidet sich dafür, sich nicht mehr über ihre Vergangenheit zu definieren. Wenn sie das tut, kann Gott ihr Herz berühren und verändern. Er kann die Scham, die sie empfindet, wegnehmen, die Stimmen der Vergangenheit zum Schweigen bringen und sie in ein Flüstern der Gnade Gottes verwandeln.

Die Lüge des Feindes lautet: *Du verdienst es nicht, hier zu sein. Du bist ein elendes Stück Mensch. Du wirst immer von deiner Vergangenheit verfolgt werden. Du verdienst es nicht, Gottes Kind zu sein.*

Das Flüstern der Gnade aber sagt: „So gibt es nun keine Verdammnis für die, die in Christus Jesus sind …" „So verdamme ich dich auch nicht; geh hin und sündige hinfort nicht mehr." „Denn indem ihr nun frei geworden seid von der Sünde, seid ihr Knechte geworden der Gerechtigkeit."

Rahab war eine gefallene Frau, die einem heiligen Gott begegnete, der sie nicht abschrieb und ihr nicht wehtun wollte. Die Schutzmauern, die sie um ihr Herz herum errichtet hatte, stürzten in sich zusammen. Sie ließ Gott in ihr Leben. So wurde sie nicht nur in die Liste der Glaubenshelden aufgenommen, sie wurde sogar dazu erwählt, zur Blutlinie des Erlösers zu gehören.

Lassen Sie sich nicht durch die Scham über Ihre Vergangenheit und das Versagen, das Sie erlebt haben, davon abbringen, sich für Gott zu öffnen. Lassen Sie sich nicht länger durch Ihre Schuld versklaven. Gott will ihr Leben verändern. Er will Sie nicht nur befreien und erlösen. Wie Rahab können Sie Gott auf ganz neue Weise kennenlernen und ihm nachfolgen. Rahabs Leben, das durch ihre Vergangenheit so belastet war, wurde tief greifend verändert. Sie heiratete einen israelitischen Fürsten, Salmon, und wurde die Ururgroßmutter von König David.

Erlauben Sie diesem Gott der überwältigenden, unglaublichen, außergewöhnlichen Gnade, die Mauern Ihres Herzens einzureißen. Erlauben Sie der Liebe Gottes, die Ihnen in Jesus Christus begegnet, Sie zu waschen und zu reinigen und aus Ihnen eine neue Schöpfung zu machen. Glauben Sie der Wahrheit über seine Gnade.

So, wie Rahab mitsamt ihrer Familie gerettet wurde, ist auch für Sie Rettung möglich, wenn Sie „in Christus" sind.

Darum: Ist jemand in Christus, so ist er eine neue Kreatur; das Alte ist vergangen, siehe, Neues ist geworden.

4. Kapitel

Erschlichene Gnade

Tamar

Tamar ist schwanger. Stellen Sie sich das Getuschel vor! All die Vermutungen, wer der Vater sein könnte. Tamar ist schwanger. Das ist ein Skandal. Das müsste bestraft werden – sogar mit dem Tode!

Sie sollten allerdings die Hintergrundgeschichte von Tamar kennen, einer heidnischen Frau, die in eine angesehene Familie eingeheiratet hatte. Eine Familie, deren Geschichte mit Gott weit zurückreicht.

Tamar hatte Er geheiratet, den ältesten Sohn Judas, der wiederum der vierte Sohn von Jakob und Lea gewesen war. Doch Er war ein böser Mensch, und Gott beendete sein Leben. Juda befahl dem nächsten Sohn, der der Tradition nach die Witwe ehelichen musste, seine Pflicht zu tun und ihr Kinder zu verschaffen. Onan tat das jedoch nicht, und Gott bestrafte auch ihn mit dem Tod. Damit blieb nur noch der letzte Sohn Schela als möglicher Ehemann für Tamar übrig, aber der war zu diesem Zeitpunkt noch zu jung. Juda ver-

sprach ihr also, dass sie ihn später heiraten werde, und Tamar ging zurück in das Haus ihres Vaters, um dort zu trauern.

Doch Juda hielt sein Versprechen nicht. Und Tamar blieb kinderlos und allein. Verlassen.

Doch eines Tages ist Tamar schwanger! Ihr Bauch wölbt sich, sie kann es nicht mehr verbergen. Was für eine Schande!

Als Juda hörte, dass seine Schwiegertochter ohne Ehemann schwanger geworden war, konnte er es nicht fassen. Welch ein skandalöser Lebensstil! In seinem scheinbar gerechtfertigten Zorn verurteilte er Tamar zum Feuertod.

Tamar ließ ihrem Schwiegervater jedoch eine Nachricht zukommen. Sie bestätigte die Schwangerschaft und offenbarte ihm, dass er der Mann sei, der dafür verantwortlich war. Er, der Besitzer eines Siegelrings und eines Stabes, den Tamar ihm zusammen mit der Nachricht überbringen ließ.

„Juda, du bist der Vater!"

Stellen wir uns einmal Judas verwirrtes Gesicht vor. Wie konnte sie ihn nur solch einer Sache beschuldigen? Er hatte seine Schwiegertochter noch nicht einmal angefasst. Die einzige Person, die er nach dem Tod seiner Frau berührt hatte …

Und da fiel es ihm wieder ein. Die verschleierte Tempelprostituierte am Straßenrand! Er hatte nicht im Traum daran gedacht, dass das Tamar gewesen sein könnte. Diese Erkenntnis ließ Juda auf die Knie sinken – nicht nur die Erinnerung an seine Schuld, sondern auch die Tatsache, dass er sein Tamar gegebenes Versprechen nicht gehalten hatte. Er hatte ihr seinen dritten Sohn als Ehemann vorenthalten.

„Sie ist gerechter als ich", sagte Juda.

Die verlassene, todunglückliche, aber listige Tamar brachte Zwillinge zur Welt (1. Mose 38).

Wenn Sie jemals unbehandelte, naturbelassene Möbel gesehen haben, dann haben Sie die Astlöcher und die raue, unebene Oberfläche bemerkt. Viele Menschen mögen es, solche unbehandelten Möbel selbst abzuschleifen und zu lackieren.

Die Menschen in der Bibel sind in vieler Hinsicht wie unbehandelte Möbel. Die Astlöcher und unansehnlichen Wirbel und Wellen sind überall, in jedem Herzen – aber Gottes Gnade ist ebenfalls da. Das ist einer der Gründe, warum die Bibel andere heilige Bücher überragt: Sie „behandelt" nicht die Schwierigkeiten derer, die versuchen, Gott zu folgen. Das Unansehnliche wird nicht einfach „überlackiert". Die Bibel zeichnet die Nachfolger Jesu nicht als perfekte Menschen. Weit gefehlt. Sie und ich, wir können uns mit diesen Leuten und ihren Schwierigkeiten identifizieren. Wir sehen Gott in ihnen am Werk, genauso wie in uns.

So wie bei der Geschichte von Tamar. Auch ihre Geschichte ist, ähnlich wie die von Rahab, nicht schön. Dennoch war sie eine der Vorfahren Jesu.

Tamar war eine Heidin, eine Nichtjüdin. Eine Frau. Ein Mensch, den man in der damaligen Gesellschaft nicht für „wertvoll" gehalten hat. Wie Rahab musste sie viele Tiefschläge einstecken.

Doch das ist nicht alles. Das Möbelstück wird noch knorriger und hässlicher. Wenn Sie noch nie in der Bibel gelesen haben, wird Sie das, was jetzt kommt, schockieren.

Tamar heiratete in eine jüdische Familie hinein – eine wirklich berühmte und hochgestellte jüdische Familie. Ihr Mann Er war der älteste Sohn Judas. Juda war ein Sohn Jakobs, der unter dem Namen „Israel" bekannt ist und der Enkel Abrahams war.

Die Ahnenreihe ist wirklich beeindruckend. Der Gott des Universums war in dieser Familie am Wirken und hatte konkrete, weitreichende Verheißungen gegeben. Das dürfen wir nicht aus dem Auge verlieren. Obwohl sie eine Heidin ist, ist Tamar eine Frau, die viel weiß. Zu viel weiß.

Tamars Schwiegervater Juda hatte viele Brüder. Einer von diesen Brüdern war Josef, und es war Judas Idee gewesen, ihn in die Sklaverei zu verkaufen, anstatt ihn umzubringen. Er dachte: *Warum sollten wir ihn töten, wenn wir mit ihm eine Menge Geld verdienen können?* Juda war gerissen. Selbstsüchtig. Pragmatisch. Welche Situation auch immer sich vor ihm auftat, er fragte sich stets: *Was habe ich davon?*

Während der Zeit, in der Josef in Ägypten war, zog Juda los und fand eine Frau, eine Kanaanäerin. Eine Heidin. Sie gebar ihm drei Söhne: Er, Onan und Schela. Die Bibel sagt, dass Juda seinem Sohn Er „eine Frau gab", die Tamar hieß. Wir können uns nur annähernd vorstellen, wie ihr Leben ausgesehen haben muss. Es war ja keineswegs so, dass Er und Tamar sich getroffen und ineinander verliebt hätten. Oder dass sie gemeinsam einen Ehevorbereitungskurs besucht und ihre „Liebessprachen" herausgefunden und ihre Persönlichkeitsprofile erstellt hätten (was ich natürlich jedem Paar empfehlen würde). Stattdessen „nahm" man sich in dieser Kultur eine Frau.

Judas Vorliebe, sein persönlicher Stil, wenn man es so nennen will, bestand im Verhandeln. Wir können vielleicht erahnen wie es war, als er mit Tamars Vater über den Brautpreis verhandelt hat – ein Arrangement, das in Bezug auf ihre Eheschließung getroffen werden musste. Wie auch immer diese Verhandlungen ausgesehen haben, Juda zog schließlich mit einer Schwiegertochter für seinen Sohn Er von dannen, einem Mann, der alles andere als Gott wohlgefällig war.

Wir erfahren nicht, welche Schuld Er auf sich geladen hatte, nur, dass er „böse vor dem Herrn" war. Angesichts all der Verdorbenheit um ihn herum, der schlechten Entscheidungen, die Juda und seine Brüder getroffen hatten, und der dunklen Seiten der ihn umgebenden Kultur – angesichts all dessen muss Er ein ganz besonders schlimmer Vertreter gewesen sein. Tatsächlich war Gott nicht einfach nur zornig auf Er. Der Mann überschritt offensichtlich eine rote Linie in Bezug auf Gottes Geduld und lud so große Schuld auf sich, dass „ihn der Herr sterben ließ". Gott richtete Er für seine Bösartigkeit und erlaubte ihm nicht, Teil der Ahnenreihe von Jesus zu werden.

Die Frage, die sich sofort stellt, ist: Sind manche Menschen zu böse, um von Gott gebraucht zu werden? Haben sie sich zu weit von ihm entfernt? Gibt es auf diesem Planeten Menschen, die Gott nicht erlösen kann oder will?

Wir sollten in Gottes Aktion gegen Er nicht mehr sehen als ein drastisches Beispiel dafür, wie ernst Gott Sünde nimmt. In der Tat erspart Gott noch nicht einmal seinem eigenen Sohn einen grauenvollen Tod am Kreuz, damit die Strafe bezahlt wird, die Sie und ich verdient haben. *„Denn Gott hat den, der von keiner Sünde wusste, für uns zur Sünde gemacht, damit wir in ihm die Gerechtigkeit würden, die vor Gott gilt."*

Gott zeigt durch sein Handeln, dass Er nicht Teil der Ahnenreihe Jesu werden sollte. Jesus sollte aus dem Stamm Juda kommen, dem Er angehörte. Weil Er aber starb, bevor er ein Kind zeugen konnte, standen nun seine beiden Brüder Onan und der junge Schela in der Pflicht.

Juda geht zu Onan und informiert ihn über seine Pflicht, Tamar zur Frau zu nehmen und mit ihr Kinder zu bekommen. Aber Onan will dieser Pflicht nicht nachkommen. Wir wissen nicht, warum er nicht möchte, dass die Linie seines Bruders weitergeführt wird, aber seine Weigerung ist deutlich. Jedes Mal, wenn Onan mit Tamar schläft, lässt er seinen Samen auf den Boden fallen, damit sein Bruder durch ihn keine Nachkommen bekommt. Das missfällt Gott so sehr, dass er Onan sterben lässt.

Tamars zwei Ehemänner werden beide von Gott getötet. Nun scheint die Abstammungslinie an einem seidenen Faden zu hängen. Juda muss zusehen, wie ihm die Söhne wie die Fliegen wegsterben. Er erzählt Tamar, sie werde warten müssen, bis der jüngste Bruder Schela erwachsen ist, bevor sie eine Familie gründen kann. Tamar geht zurück in das Haus ihres Vaters und trauert.

Kummer stellt seltsame Dinge mit dem menschlichen Herzen an. Ebenso Elend und Missbrauch. Wenn man sich die selbstsüchtige Weise ansieht, in der Er und Onan gelebt haben, kann man sich vorstellen, was Tamar durchmachen musste. Sie gehorcht Judas Anordnung, zieht ihre Trauerkleidung an und wartet ab.

Aber nachts grübelt sie und schmiedet Pläne. Sie weint. Die Wunde beginnt zu eitern. Ihr Leben, das eigentlich eine wunderbare Sache hätte werden sollen – angesichts all des Segens, den Gott über seinem Volk ausgegossen hat – ist zum Trümmerhaufen geworden. Sie ist wieder da, wo sie angefangen hat, wieder zu Hause unter dem Dach ihres Vaters. Allein. Statt ein Haus voller Kinder zu haben, was zu ihren Zeiten Wohlstand, Segen und Reichtum signalisierte, war sie kinderlos. Und sie lebte von der Familie getrennt, mit der sie sich verbunden hatte – der reichen, gesegneten Familie von Jakob (Israel).

Was dann passierte, liest sich wie ein schlechter Liebesroman. Tamar plant ihre Rache. Sie will bekommen, was sie verdient hat, und will die bezahlen lassen, die sie ungerecht behandelt haben. Ihr listiger Plan, mit dem sie in die Abstammungslinie Judas zurückkehren möchte, zeigt, dass sie bereit ist, Böses mit Bösem zu vergelten. Ihr war etwas versprochen worden, und sie will es bekommen, koste es, was es wolle.

Ihr Handeln ist das Gegenteil von wahrem Glauben. *Sie* übernimmt die Kontrolle. Sie betrügt. Doch Gottes Gnade und Barmherzigkeit stehen ihr offen. Vielleicht waren die Tode von Onan und Er tatsächlich Aspekte von Gottes Gnade, die Tamar zeigen sollten, dass Gott sie sieht und sich um sie sorgt. Gott liebt es, sich den Zerbrochenen und Geschlagenen zuzuwenden.

Haben Sie schon einmal in einer Situation die Kontrolle übernommen, weil es zuvor nicht so gelaufen war, wie Sie es geplant hatten? Das war z. B. bei Abraham geschehen. Und bei Sara. Und nun tritt auch Tamar in ihre Fußstapfen.

Tamar war zornig über die Kränkungen, die sie von Judas Familie erfahren hatte. Sie war wütend darüber, wie Gott sie im Stich gelassen hatte. Dass er Leid nicht von ihrem Leben ferngehalten hatte. In ihrer Bitterkeit entwickelte sie einen perfiden Plan.

Vergessen wir aber nicht, dass Tamar im Grunde das wollte, was Gott ebenfalls wollte. Er hatte verheißen, dass der Erlöser aus dieser Ahnenreihe stammen würde. Aber Tamars Sehnsucht ist so überwältigend, dass sie Gott vorgreifen will.

Jahre vergehen. In der Lutherbibel heißt es: „Als nun viele Tage verlaufen waren …", was bedeutet, dass viel Zeit vergangen und Tamar und ihr Schicksal in Vergessenheit geraten waren. Schela ist nun alt genug zum Heiraten, aber es ist keine Rede mehr davon, dass er ihr Mann werden soll. Also beschließt Tamar, dass die Zeit zum Handeln nun gekommen ist.

Sie erfährt, dass Judas Frau gestorben ist und dass Juda nach der Trauerperiode zu einer Geschäftsreise nach Timna aufbricht. Es wird ihr zugetragen: „Siehe, dein Schwiegervater geht hinauf nach Timna, seine Schafe zu scheren."

Tamar ergreift die Gelegenheit, zieht ihre Witwenkleider aus und legt einen Schleier an, um sich unkenntlich zu machen. Sie macht sich zur Hauptstraße auf, weil sie weiß, dass Juda auf ihr unterwegs sein wird. Man kann förmlich ihren Ärger spüren, der sich mit Traurigkeit und Entrüstung mischt.

Sie hat alles Recht empört zu sein. Doch statt mit ihrer Situation auf anständige Weise umzugehen, statt Juda mit den Kränkungen zu konfrontieren, nimmt sie die Sache in die eigene Hand und offenbart damit die Bitterkeit in ihrem Herzen.

Juda reist über Land, den Kopf voll von allem Möglichen – außer Gedanken an die Not seiner Schwiegertochter. Da sieht er eine Frau, die er für eine Tempelprostituierte hält. Er verlässt den Weg und spricht sie an. Er will sie sich „nehmen", so wie er Tamar für seinen Sohn Er geholt hatte.

„Lass mich doch zu dir kommen"; denn er wusste nicht, dass es seine Schwiegertochter war.
Sie antwortete: „Was willst du mir geben, wenn du zu mir kommst?"

Ob Tamar wohl ihre Stimme verstellt hat? Musste sie das überhaupt?

Er sprach: „Ich will dir einen Ziegenbock von der Herde senden."

Sie antwortete: „So gib mir ein Pfand, bis du ihn mir sen-
dest."
Er sprach: „Was willst du für ein Pfand, das ich dir geben
soll?"
Sie antwortete: „Dein Siegel und deine Schnur und deinen
Stab, den du in der Hand hast."
Da gab er's ihr und kam zu ihr und sie ward von ihm
schwanger.

So bekam Tamar schließlich, was ihr versprochen worden war. Sie bekam, was ihr gerechterweise zustand, ein Kind aus der Ahnenreihe Judas. Aber sie betrog ihn. Mit Geschick und List und mit ihren sexuellen Reizen hat Tamar ihrem Schwiegervater eine Falle gestellt.

Und was sollen wir von Juda halten? Dass er einer Frau Avancen machte, die er für eine Prostituierte hielt, offenbart den Zustand seines Herzens und sagt auch etwas über den inneren, den geistlichen Zustand seiner Familie aus.

Der heilige Gott hätte doch eigentlich das Recht gehabt, Juda und Tamar und noch ein paar andere zu bestrafen. Warum hat er dennoch durch diese Menschen gewirkt? Warum sollte Gott eine derart dysfunktionale, verkorkste Familie in die Ahnenreihe Jesu aufnehmen?

Weil das genau die Leute sind, bei denen das Wirken von Gottes Gnade am offensichtlichsten wird. Falls Sie eine Entscheidung getroffen haben, die sich verdunkelnd über Ihr Leben legt wie der Schleier über Tamars Gesicht, dann können Sie sich sicher sein: Ihnen kann vergeben werden. Gottes Gnade wirkt in überwältigendem Maß an denen, die ihre Sünde zugeben, die dazu stehen, dass sie gefallen sind. Wenn Sie ihn um Barmherzigkeit anrufen, wird er sie Ihnen gewähren. Wie in der Geschichte von dem Gelähmten, der nicht einmal die Kraft hatte, selbst zu Jesus zu kommen, sondern getragen werden musste – so wird Gott in Ihnen ein reines Herz schaffen.

Tamars Situation spitzt sich dramatisch zu, denn drei Monate später erfährt Juda, dass sie ohne Ehemann schwanger geworden ist. Er hat keine Ahnung, dass er selbst der Vater ist und dass Tamar die „Tempelprostituierte" war, die er seitdem nicht mehr gesehen hatte. Juda wird fuchsteufelswild, als er die Nachricht von Tamars Schwangerschaft erhält und befiehlt, Tamar zu ihm zu bringen und mit dem Feuertod zu bestrafen.

Mitgefühl und Fürsorge sind offensichtlich nicht die Stärken dieser Familie.

Während Tamar herbeigebracht wird, lässt sie Juda eine Nachricht zukommen, zusammen mit seinem Siegel, seiner Schnur und seinem Stab. „Von dem Mann bin ich schwanger, dem dies gehört."

Stellen wir uns nur das Gesicht vor, das Juda gemacht haben muss. Er hatte sich in seiner eigenen sexuellen Sünde verstrickt. Man muss ihm zugutehalten, dass er sich nicht rächen will. Er versuchte noch nicht einmal, seine Fehler zu vertuschen. Er sagte einfach nur: „Sie ist gerechter als ich; denn ich habe sie meinem Sohn Schela nicht gegeben."

Nun endlich erkennt Juda die Wahrheit über sich selbst. Dann kommen Zwillinge auf die Welt: Perez und Serach. Sogar im Mutterleib kämpften sie schon miteinander, so wie der Rest der Familie.

Eine heidnische Frau verführt ihren Schwiegervater, damit er sein Versprechen hält. Sie wurde missbraucht und vergessen. Wen kennen Sie, dem es vielleicht ähnlich ergangen ist?

In Sprüche 30 heißt es: „Ein Land wird durch dreierlei unruhig …" Darunter findet sich auch „eine Verschmähte, wenn sie geehelicht wird". Das ist Tamar. Wir wissen nicht, wie sich ihr Leben nach diesen Ereignissen weiterentwickelt hat. Es wird uns nicht erzählt. Aber Tamars Geschichte spricht uns heute an, Männer und Frauen gleichermaßen. Ihr Leben weist uns auf die Gnade Gottes hin, denn nur dort finden wir die wahre Liebe, nach der sich unsere Herzen sehnen.

Diese Art von Liebe finden wir nur in der Gnade Gottes.

2. Teil

Sich die Gnade Gottes

zu eigen machen

Erlösender Glaube ist eine unmittelbare Beziehung zu Christus. Wir erkennen ihn an, empfangen ihn und stützen uns allein auf ihn, was unsere Rechtfertigung, Heiligung und das ewige Leben angeht, und das durch Gottes Gnade.

Charles Spurgeon

5. Kapitel

Gnade in Aktion, oder:
Wie es ohne diese Geschichte
keinen 51. Psalm gäbe

DAVID

Wo soll man anfangen? Wie kann man ein Leben wie das von David zusammenfassen?

Er hatte ein williges Herz. Er hatte ein Herz für Gott. Er hatte ein Herz, das für Gott verfügbar und bereit war. Er kämpfte gegen Riesen mit den Waffen eines Hirtenjungen und ließ sich nicht von Angst überwältigen.

Er hatte ein musikalisches Herz und war ein begabter Musiker, der König Saul beruhigen konnte.

Er hatte das Herz eines Hirten, der sich um seine Schafe kümmerte, bis er herausgerufen und zum König von Israel gesalbt wurde.

Er hatte ein Herz voller Respekt. Er hatte die Möglichkeit, König Saul das Leben zu nehmen, aber er respektierte Gottes Erwählung und nahm Saul die Führungsrolle nicht weg.

Er hatte ein liebevolles Herz. Seine Freundschaft mit Jonathan und seine Selbstverpflichtung gegenüber dem Sohn dieses Mannes, Mefi-Boschet, zeigen seine Freundlichkeit und Treue.

David hatte jedoch kein vorsichtiges, geschütztes Herz, wie wir in der Geschichte mit Batseba sehen. David blickte von seinem Palast aus ins Haus seines Kriegskameraden Uria hinunter und sah etwas, was ihn von Gott wegbrachte. Was ihn von seinem Freund entfernte, was ihn von Wahrheit und Liebe und Treue wegzog, hin zu seinem eigenen Verlangen. David ist nicht wegen dieses kurzen Blickes in die Falle getappt. Es war vielmehr das Verlangen, die Sehnsucht eines Herzens nach dem, was verboten war – der Ehefrau eines anderen Mannes, Urias Ehefrau.

In gewisser Weise ist die Geschichte von David ein Spiegelbild der Geschichte von Adam und Eva. Nachdem sie von der verbotenen Frucht gegessen hatten, nachdem sie ungehorsam gewesen waren, wurden ihnen die Augen geöffnet. Die Konsequenzen ihrer Schuld waren zerstörerisch. So wurden auch die Konsequenzen von Davids falscher Entscheidung für jedermann in Israel spürbar. Doch Gott wusste, wie er Davids Herz erreichen konnte. Die gute Nachricht in Bezug auf David ist eine gute Nachricht für Sie und mich. David hatte ein bußfertiges Herz. Und das ist etwas, was Gott liebt. Gott antwortet denen, deren Herzen gebrochen und reuevoll sind (2. Samuel 11,1-12+15; Psalm 51).

Gnade ist oft in Leid und Versagen eingehüllt. Sie wird mit Freude und Hoffnung empfangen, aber sie kommt nicht zur Entfaltung, bis irgendeine Form von tiefer Reue einsetzt. Versagen ist der Nährboden, auf dem die Gnade wächst.

So wie bei dem Mann, der eines Tages im Zimmer seines Seelsorgers zusammengesunken auf dem Stuhl saß, als ob er alle Hoffnung verloren hätte.

„Ich bin ein Versager", erklärte er.

„Warum sagen Sie das?", entgegnet der Seelsorger.

„Weil es wahr ist. Alles, was ich getan habe, alles, was ich erreichen wollte, habe ich nun zerstört. Ich werde nie mehr der Mann sein, der ich einmal gewesen bin. Ich werde nie der Mann sein, der ich immer gerne sein wollte. Und meine Kinder – was werden sie von mir denken? Welches Bild werden sie von mir in Erinnerung behalten, wenn ich einmal nicht mehr bin?"

Dieser Mann hatte alles gehabt. Er war ein perfekter Leiter gewesen, stark und charismatisch. Er hatte seine Mitarbeiter für die gemeinsame Sache begeistern können. Sie hätten alles für ihn getan, nicht aus Furcht oder aus Verpflichtung, sondern weil sie ihrem leidenschaftlichen Anführer treu ergeben waren.

Doch jetzt war er gefallen, und das nicht durch die Intrige eines anderen. Er hatte sich die Verletzungen und den irreparablen Schaden für seinen Dienst selbst zugefügt. Er sah keinen Ausweg mehr. Er hatte Fehler gemacht, furchtbare Fehler. Fehler, die sein jungenhaftes Gesicht nun mit Angst, Sorge und Verzweiflung gezeichnet hatten. Der gut aussehende Mann, dem bleibender Erfolg und Ruhm vorherbestimmt schienen, war nun am Ende seiner Möglichkeiten.

Das Ende Ihrer Möglichkeiten – das ist ein guter Ort, um dort Gottes Gnade zu begegnen. Dazu braucht es allerdings mehr als das bloße Wissen um die Gnade. Sie muss erfahrbar werden, in Ihrem Leben zur Entfaltung kommen.

Der Mann im Zimmer des Seelsorgers kann noch nicht einmal annähernd überblicken, welchen Verlust er erlitten hat und wie groß der Schaden wirklich ist, den er sich durch seine eigenen Entscheidungen zugefügt hat. An der Art, wie er sitzt und wie er redet, wird deutlich, dass er ein gebrochener Mann ist. Das Leben ist aus seinen Augen geflohen. Es scheint, als würde das Blut langsam aus seinem Körper entweichen und das Herz nur noch Luft pumpen.

„Ich werde das, was ich gehabt habe, nie wieder bekommen. Ich bin verloren."

„Sagen Sie mir doch, wer Sie sind."

Er sieht auf. Dieser Riese von einem Mann ist nur noch ein Häufchen Elend. „Sie wissen, wer ich bin."

„Ich kenne Ihren Namen. Ich kenne Ihre Vergangenheit, Ihren Ruf. Das Gute, was Sie getan haben, und ein wenig von dem Schlechten. Aber ich möchte wissen, für wen *Sie sich halten*."

Er steht vom Stuhl auf, dieser muskulöse Mann, der bisher kaum Niederlagen einstecken musste.

Es sind keine äußeren Feinde, die ihn niederdrücken. Es ist der Sturm, der in ihm tobt, hinter der Fassade des gut aussehenden, kernigen Leiters.

So etwas begegnet mir in meiner Praxis als Seelsorger sehr oft. Man kann es fast eine „Gesetzmäßigkeit" nennen. Ein Mann wagt sich auf dem Höhepunkt seiner Karriere etwas zu weit über die Klippe hinaus und fällt. Er kann dann in der Folge sein Selbstbild durch den Absturz aus so luftiger Höhe definieren. Er kann sich über sein Versagen definieren. Er betrachtet das Trümmerfeld um sich herum und die Menschen in seinem Leben, die durch seine falschen Entscheidungen verletzt wurden. Er glaubt, dass er nun nicht mehr als die Summe seines Versagens ist. Und es kommt ihm so vor, als würde Gott ihn ebenfalls so sehen. Gott hält ihn sicher für einen Versager, und nichts sonst. Wie könnte er auch anders? Wenn der Allmächtige alles sieht und weiß, dann wird ihm mit Sicherheit auch dieser Makel auffallen. Gott ist heilig, deswegen kann er über all das nicht einfach hinwegsehen.

Als Menschen jedenfalls verfahren wir so: Wir betrachten eine Person und beurteilen sie danach, was sie getan hat oder was ihr angetan wurde. Wir beurteilen sie nach ihren Verlusten und ihrem Schmerz, ihren Erfolgen und Problemen. Wie könnten wir auch anders? Wir richten Menschen allein aufgrund des scheinbar so Offensichtlichen.

Der Prophet Jeremia schrieb:

Und wenn du dich auch mit Lauge wüschest und nähmest viel Seife dazu, so bleibt doch der Schmutz deiner Schuld vor mir, spricht Gott der Herr.
(Jeremia 2,22)

Es ist wie bei einem Kind, das einen Schokoriegel gestohlen hat und nun überall schokoladenverschmiert ist. Wie bei dem Dieb, dessen Hände durch die Spezialfarbe eingefärbt sind, die als Sicherung an der Ware angebracht war. Die Schuld ist offensichtlich und Gott sieht es. Nun ist sicher alles aus, denken wir. Das war's.

Männer und Frauen, die durch die Jahrhunderte hindurch mit Gott unterwegs waren, haben sich selbst auch auf diese Weise gesehen. Sie sahen sich nur als Schandfleck, auf den Gott zeigt und Rechenschaft fordert. Sie haben nicht verstanden, dass die Gnade Gottes für jeden verfügbar ist, der nach ihr fragt.

„Für mich ist es aus und vorbei", sagt der Mann.

„Ist es das? Ist Ihnen noch nie der Gedanke gekommen, dass Sie vielleicht erst ganz am Anfang stehen könnten?"

Er sieht auf.

„Ja, ernsthaft", sagt der Seelsorger. „Was wäre, wenn das, was Sie falsch gemacht haben, Sie nicht davon abhalten würde, das zu tun, wozu Sie geschaffen worden sind? Was wäre, wenn es Sie stattdessen dahin bringen würde, dass –"

„Sie verstehen es nicht. Sie wissen nicht, was ich getan habe."

Seine kräftige Hand hebt sich, er massiert sich den Nacken, so als ob ihm der Schmerz in den Knochen und noch tiefer säße.

„Die Verheißungen Gottes gelten also nicht für Sie? Sind Sie *so* mächtig?"

Er wendet den Blick ab, zieht sich in sich selbst zurück, den Kopf fest in seinem Versagen vergraben.

„Der Löwe von Juda wird aus *Ihrer* Ahnenreihe kommen. Ein König, der auf *Ihren* Thron steigen wird. Gott hat das verheißen und Sie können ihn nicht umgehen. Sie können Gott nicht daran hindern, sich selbst treu zu sein, zu seinem Wort zu stehen."

In den Augen des Mannes flackert es, so als würde er sich wieder an die Versprechen Gottes für sein Leben erinnern. Und dann hört er eine Geschichte, die die Mauern um sein Herz zum Einsturz bringt.

„Es waren zwei Männer in einer Stadt", erzählt der Seelsorger, „der eine reich, der andere arm. Der Reiche hatte sehr viele Schafe und Rinder; aber der Arme hatte nichts als ein einziges kleines Schäflein, das er gekauft hatte. Und er nährte es, dass es groß wurde bei ihm zugleich mit seinen Kindern. Es aß von seinem Bissen und trank aus seinem Becher und schlief in seinem Schoß und er hielt's wie eine Tochter. Als aber zu dem reichen Mann ein Gast kam, brachte er's nicht über sich, von seinen Schafen und Rindern zu nehmen, um dem Gast etwas zuzurichten, der zu ihm gekommen war, sondern er nahm das Schaf des armen Mannes und richtete es dem Mann zu, der zu ihm gekommen war."

Auf diese Weise bricht Gott den steinigen Boden des Herzens auf. Die Geschichte berührt die Seele des mächtigsten Mannes im Königreich. Sie bringt Entrüstung, gerechten Zorn und eine Leidenschaft hervor, die aufsteigt wie Weihrauch.

Doch dann erkennt der Mann schockiert, dass sich die Geschichte nicht um irgendwen „da draußen" dreht; die Geschichte handelt von *ihm* – von seinem Makel, seiner Sünde. Das bringt ihn auf seine Knie.

Er hatte sich genommen, was ihm nicht gehörte, was er begehrte, aber nicht rechtmäßig besitzen konnte, was er aus der Entfernung sah und haben wollte. Und als er seinem Begehren nachgegeben hatte, konnte er nicht mehr loslassen … also tötete er, um es zu behalten.

Der reiche Mann aus der Geschichte nahm sich, was ihm nicht zustand. Er holte sich das kleine Schäflein und setzte es seinem Gast vor. Seine Handlungen hatten schwerwiegende Folgen für andere.

Der Anführer, David, stahl die Frau eines anderen Mannes. Ein Mann, der ihm die Treue geschworen hatte, der seinem Anführer nie etwas vorenthalten hatte. Dieser Mann, Uria, wurde betrogen. Er war der arme Mann und David der reiche Mann aus der Geschichte. Davids Verrat bestand darin, seinem Begehren ungehindert nachzugeben. Das führte dazu, dass die Ehe eines anderen Mannes zerstört wurde, und letztlich kam es zu einer Katastrophe.

Die Sünde, der ungehindert nachgegeben wird, führt zum geistlichen Tod. Obwohl sie verführerisch wirkt und es so aussieht, als brächte sie uns, was wir möchten, wird sie letztlich doch dazu führen, dass wir etwas bekommen, was wir niemals wollten. Die Sünde hat Folgen, nicht nur für uns, sondern auch für andere.

„Wenn ich mich doch nur noch einmal entscheiden könnte. Wenn ich doch nur noch einmal vor der Wahl stünde", sagt König David leise.

„Das ist unmöglich." Der Seelsorger und Prophet Nathan sieht hinab zu dem gebrochenen Mann vor sich.

„Ich habe Armeen besiegt. Ich habe als junger Mann schon einen Riesen getötet, nur mit einer Schleuder und einem Stein. Ich bin dem mörderischen Zorn des Königs entkommen, ich habe so viele Siege gefeiert. Aber ich kann das nicht besiegen, was hier drinnen ist. Ich kann diesen Feind in mir nicht niederwerfen. Meine Seele ist getroffen und zerschmettert, so wie Goliats Schädel. Meine Schuld verhöhnt mich."

„Sie können das nicht wieder rückgängig machen. Das ist jetzt ein Teil Ihrer Geschichte. Aber das ist nicht das Ende."

„Wie könnte es etwas anderes sein?" Er spuckt die Worte förmlich aus.

„Erzählen Sie mir, was Sie Gott sagen wollen. Was liegt Ihnen im Augenblick auf dem Herzen?", fragt Nathan.

Die Tränen strömen, sein Körper zittert. Dann lässt er es heraus, geschüttelt von seinen aufgewühlten Gefühlen. Er beichtet Gott und Nathan seine Schuld.

„Es tut mir leid. Mir tut leid, was ich getan habe. Was ich Uria angetan habe. Was ich ihr, Batseba, angetan habe. Dass ich sie in diese Lage gebracht habe. Was ich meinem Land angetan habe. Was ich *Gott* angetan habe."

„Reden Sie mit ihm. Sagen Sie ihm, was Ihnen auf dem Herzen liegt."

Wieder und noch heftiger wird König David von Weinkrämpfen geschüttelt. Er betet:

Du großer, barmherziger Gott, sei mir gnädig, hab Erbarmen mit mir! Lösche meine Vergehen aus!

Meine schwere Schuld – wasche sie ab, und reinige mich von meiner Sünde!

Denn ich erkenne mein Unrecht, meine Schuld steht mir ständig vor Augen.

Gegen dich habe ich gesündigt – gegen dich allein! Was du als böse ansiehst, das habe ich getan. Darum bist du im Recht, wenn du mich verurteilst, dein Urteil wird sich als wahr erweisen.

Seit mein Leben im Leib meiner Mutter begann, liegt Schuld auf mir; von Geburt an bestimmt die Sünde mein Leben.

Du freust dich, wenn ein Mensch von Herzen aufrichtig und ehrlich ist; verhilf mir dazu, und lass mich weise handeln!

Reinige mich von meiner Schuld, dann bin ich wirklich rein; wasche meine Sünde ab, und mein Gewissen ist wieder weiß wie Schnee!

Du hast mich hart bestraft; nun lass mich wieder Freude erfahren, damit ich befreit aufatmen kann!

Sieh nicht länger auf meine Schuld, vergib mir alle meine Sünden!

Erschaffe in mir ein reines Herz, o Gott; erneuere mich und gib mir Beständigkeit!

Stoße mich nicht von dir, und nimm deinen heiligen Geist nicht von mir!

Schenk mir Freude über deine Rettung, und mach mich bereit, dir zu gehorchen!

Dann will ich den Gottlosen deine Wege zeigen, damit sie zu dir zurückfinden.

Herr, ich habe das Blut eines Menschen vergossen – befreie mich von dieser Schuld, Gott, mein Helfer! Dann werde ich deine Gnade preisen und jubeln vor Freude.

Herr, schenke mir die Worte, um deine Größe zu rühmen!
(Ps. 51)

Das ist der Weg, auf dem die Gnade zur Geltung kommen kann. David weiß es in diesem Augenblick nicht, aber seine Beichte ist ein Teil des Gnadenaktes.

Wenn ein Mensch versucht wird, wird er von Gott weggezogen und durch ein falsches Verlangen geführt. Das Verlangen gebiert die Sünde. Und die Sünde gebiert den Tod. Der Abstieg des Menschen ist gleichsam vorprogrammiert. Wir empfangen das Verlockende, wir holen es uns, und es fängt an, uns zu besitzen und den Tod zu gebären. Das ist der Weg des Feindes unserer Seelen. Er möchte töten, stehlen und zerstören.

Aber der Liebhaber unserer Seelen möchte das genaue Gegenteil. Anstelle des Todes möchte Gott Leben, überreiches Leben geben. Er möchte uns damit erfüllen bis zum Überfließen.

Indem wir Gnade in Empfang nehmen und uns zu eigen machen (was beinhaltet, dass wir lernen, in Gottes Licht zu leben), bekommen wir die Kraft, Gnade auch an andere weiterzugeben. Der Glaube an das Werk Christi, sein Opfer für Sie, ermöglicht es Ihnen, die Gnade Gottes zu empfangen und ein Leben in ihrer Kraft zu beginnen. Sie werden vom Tod zum Leben geführt. Dieses Leben kann gar nicht anders, als auch auf andere auszustrahlen. Das ist das Werk der Gnade. Es kann nicht begrenzt werden, sondern breitet sich immer weiter aus.

David sitzt da, den Kopf in den Händen. Er hat geweint. Er durchlebt noch einmal die Verlockung, die Anziehungskraft, die die Versuchung ausgeübt hat, und den daraus folgenden Verlust seines ersten Sohnes mit Batseba. Er denkt an den Mord seines Freundes Uria, wie durch seine eigene Hand – denn schließlich war er es gewesen, der den Befehl gegeben hatte, ihn an die vorderste Front zu schicken. Wenn er an Batseba denkt, sieht er seine Sünde. Er sieht seine Unvernunft. Er sieht sich selbst.

„Was soll ich tun?", fragt der König.

„Sie tun es schon. Sie haben den Prozess schon eingeleitet."

„Reue?"

„Nicht nur Reue. Sie müssen zunächst glauben, dass Gott Ihr Gebet hören wird. Er wird Ihre Bitte annehmen. Etwas in Ihnen hat Sie zu Gott hingezogen anstatt noch weiter weg von Ihm."

„Mein Glaube?"

„Zum Teil, ja. Aber Gott selbst stößt in Ihrem Inneren ein neues Handeln an. Gott ist unglaublich liebevoll gewesen, indem er Sie dazu bewegt hat, Ihre Sünde vor ihm offenzulegen."

„Liebevoll?"

„Ja, er hat Sie auf diesem Weg nicht bis zum Ende laufen lassen – bis Sie wirklich ganz unten angekommen wären. Gott hat Sie zu sich selbst zurückgerufen, hat Sie ins Leben zurückgerufen – in ein neues Leben. Und Ihre Zerbrochenheit wird Sie zu etwas Besserem führen. Man kann nicht heil werden, wenn man nicht zuvor auf diese Weise zerbrochen ist. Man kann nicht das Leben wählen, wenn man nicht zuvor gesehen hat, welche Zerstörung die eigenen falschen Entscheidungen angerichtet haben."

„Aber was ist mit *ihr*? Was ist mit dem Kind, das in ihr heranwächst?"

„Glauben Sie, dass Gott in der Lage ist, seine Verheißungen zu erfüllen?"

„Gott kann alles tun. Ich zweifle nicht an ihm. Aber ich bin mir unsicher geworden, was mich selbst angeht, ob Gott noch Verwendung für mich hat."

„Wenn Sie ihm vertrauen, dann müssen Sie nicht an sich selbst glauben. *Er* wird es vollbringen. Er wird sogar durch Ihren Unglauben wirken und durch Ihre Entscheidungen, die ins Verderben geführt haben. Gottes Gnade will jede Pore Ihres Seins durchdringen."

Er, David, versteht immer noch nicht.

So wie wir. Wir verstehen immer noch nicht.

Aber das ist in Ordnung. Das ist die Art, wie die Gnade wirkt. Das ist das Geheimnis.

„Ich bin gekommen, die Sünder zur Buße zu rufen und nicht die Gerechten."

Niemand ist zu weit von Gottes Liebe entfernt. Und wenn Sie versagen, nachdem Sie Gottes Kind geworden sind, hält Gott dennoch an Ihnen fest. Er ist offen dafür, dass Sie sich ihm zuwenden. Gott erhielt David das Königtum, weil David zerknirscht darüber war, was er getan hatte.

Gott ist bereit zu vergeben, bereit für eine Beziehung, bereit, Sie auf ewig in seine Familie aufzunehmen. Ihr Leben kann wiederhergestellt werden. Ihr Leben kann neu werden. Empfangen Sie seine Gnade. Rufen Sie nach Seiner Barmherzigkeit. Sie ist jeden Morgen neu.

6. Kapitel

Verfolgt von Verlangen, überholt von Gnade

BATSEBA

*S*ie betrachtet die Herrlichkeit des Königreiches. Sie ahnt, dass ihr Sohn König werden wird. Sie ist jetzt eine alte Frau, und ihr Mann, den sie geliebt hat, wird bald sterben. Der Mann, dessen Entscheidung alles verändert hat.

Sie geht die Ereignisse ihres Lebens noch einmal durch – das Leid, durch das sie wie durch einen Sumpf gewatet ist, die Dinge, die sie nicht einmal ihren Feinden wünschen würde. Da vernimmt sie ein Geräusch, das die Erinnerungen wieder lebendig werden lässt. Ihr Atem stockt, als sie hört, wie Wasser geschöpft wird. Sie schließt die Augen und wird durch das Plätschern zurücktransportiert zu einem bestimmten Tag, zu einer bestimmten Stunde, als sie im Innenhof ihres Hauses ein Bad genommen hatte.

Das Chaos im Haus von David begann mit ihrem Bad. Sie weiß das. Sie kann den Strudel spüren, der diese Familie nach unten ziehen will – diese Familie, deren Ahnenreihe bis hin zu Abraham und noch weiter reicht. Sie spürt erneut die Qual, die sie nach dem Verlust ihres erstgeborenen Sohnes wie eine Welle überspült hat.

Batseba, Tochter eines Kriegers, Frau eines Kriegers, dann Frau eines Königs. Frau eines Ehebrechers. Eines Mörders. Wie ist das passiert? Wie soll sie mit der Wahrheit umgehen, die sie immer noch als Bedrohung empfindet?

David sündigte, als er sie in den Palast holen ließ und von ihrem Körper Besitz nahm. Ihre Schönheit brachte sein Herz auf Abwege. Aber kann man einer Frau vorwerfen, dass sie zu schön ist? Danach wurde sie schwanger, und der König versuchte, seine Sünde zu verbergen. David bat ihren Mann, von der Front zurückzukommen, damit er ein wenig Zeit mit seiner Frau verbringen würde. Vielleicht könnte Batseba dann Davids Kind als Kind ihres Ehemannes ausgeben. Aber Uria wollte keinen Trost in den Armen seiner Frau suchen, während seine Männer an der Front kämpften und starben. Oder vielleicht ahnte Uria etwas von Davids Plan. Wie auch immer, David schickte ihn an die Front und Uria wurde getötet. Und das Baby wuchs unter Batsebas Herzen. Der Prophet Nathan kam und erzählte eine Geschichte, die David das Herz zerriss. Er weinte und tat Buße.

Doch seine Reue rettete das Kind nicht. Dieser Sohn Batsebas kam auf die Welt, aber sein Leben schwand dahin und er starb nach einer Woche. Erneut vergoss Batseba viele Tränen, erlebte tiefen Schmerz und wurde von Fragen gequält. Sie brachte einen weiteren Sohn zur Welt, Salomo, der ein weiser, junger Mann wurde. Aber eine Frage suchte Batseba immer wieder heim (2. Sam. 12,15-25).

Ist Gott böse auf Sie? Bestraft er Sie für irgendetwas, was Sie getan haben? Haben Sie sich jemals diese Frage gestellt? Wenn nicht, dann werden Sie es wahrscheinlich eines Tages tun. Können Sie einfach mit Ihrem Leben weitermachen, nachdem etwas Schlimmes geschehen ist? Nachdem Sie etwas Böses getan haben? Oder wenn Ihnen jemand etwas Böses antut – ist dann Ihr Leben vorbei? Wird Ihr Leben immer durch diese Tat bestimmt werden?

Seien Sie ehrlich: Was denken Sie, wenn Sie den Namen Batseba hören? Ihr erster Gedanke ist vermutlich nicht: „Das ist die Mutter des weisesten Königs der Menschheitsgeschichte, die Mutter König Salomos, die Frau in der Ahnenreihe des Messias!"

Das Erste, was Ihnen bei Batseba in den Sinn kommt, ist wahrscheinlich ihre Verführung durch David. Ihre Schwangerschaft. Der Tod ihres Ehemannes.

David war der Vater Salomos, dessen Mutter Batseba zuvor die Frau des ermordeten Uria gewesen war. Die Ahnenreihe Jesu enthält Lügner, Betrüger, Ehebrecher und Mörder. David, bekannt als Mann nach dem Herzen Gottes, nutzte seine Position und Macht aus. Er versündigte sich auf abscheuliche Weise an Batseba und ihrem Ehemann, einem Mann, der ihm immer treu ergeben gewesen war. David versündigte sich gegen Gott selbst. Er lud Schuld auf sich, die weitreichende Folgen hatte.

Doch worin bestand *Batsebas* Anteil an dieser Geschichte? Können wir auch in ihrem Leben das Wirken der Gnade Gottes erkennen?

Batseba ist eine von fünf Frauen, die im Stammbaum Jesu im 1. Kapitel des Matthäusevangeliums erwähnt werden. Sie war eine junge Frau aus einer Soldatenfamilie mit guten Verbindungen. Sie war die Enkelin von einem der militärischen Berater

Davids und die Tochter eines Kriegers, der einer Eliteeinheit angehörte, die „Die Dreißig" genannt wurde. Sie heiratete einen anderen bekannten Angehörigen des Militärs, Uria – ihr Leben war also voller Männer, die wussten, wie man kämpft.

Sie war auch schön. David war so von ihr verzaubert, dass er sich von seinem Verlangen treiben ließ. War sie ein Opfer? Oder hat sie David gegenüber in irgendeiner Weise ihr Einverständnis gezeigt?

Die Bibel erzählt uns, dass David sie sah und ganz für sich haben wollte. Um das zu erreichen, benutzte er seinen Einfluss und seine Macht über sie. Er war in Batsebas Leben eine Vertrauensperson, sie folgte also, ohne zu zögern, seiner Anweisung und kam in den Palast. Es war eine Ehre, dorthin eingeladen zu werden. Vielleicht hatte sie auch ein wenig Angst. Fürchtete sie, es gäbe schlechte Nachrichten von der Front? Sie war vermutlich besorgt, hatte aber keine Angst vor dem König. Sie hatte Respekt vor David. Seit sie ein kleines Mädchen gewesen war, hatte sie Geschichten von seinem Triumpf über Goliat gehört. Sie hatte von Davids Salbung durch Samuel erfahren, davon, wie Saul David verfolgt hatte, und dass David dennoch das Königtum Sauls respektierte. Sie hatte Ehrfurcht vor diesem großen Krieger und Mann Gottes. Ihr Ehemann Uria hatte ohne Zweifel Geschichten über die Schlachten erzählt, in denen er mit David zusammen gekämpft hatte, über den Mut Davids und seiner Anhänger. Über die Loyalität und das Vertrauen, das sie in dieser Gemeinschaft von Brüdern füreinander entwickelt hatten. Als sie also zum König gerufen wurde, gab es für Batseba keinen Grund, diesem Ruf nicht zu folgen.

Wir erfahren nicht, welcher Art die Avancen waren, die David ihr machte, oder ob Batseba Widerstand leistete. All das wird nicht offenbart. Hat David sie vergewaltigt? Wehrte sie sich?

Hat sie zuerst widersprochen, nur um dann durch seine Kraft und Leidenschaft überwältigt zu werden, oder haben seine Worte ausgereicht?

Manche haben Batseba unterstellt, sie habe sich unanständig verhalten, weil sie während ihrer rituellen Reinigung, ihres Bades, nicht diskret vorgegangen sei. Das kommt einem „Sie verdient es nicht anders" nahe. Vielleicht hätte sie sich tatsächlich irgendwo im Inneren des Hauses waschen können, verborgen vor jemandem, der möglicherweise auf einem Dach steht und in den Hof ihres tiefer liegenden Hauses hineinsieht. Andere mutmaßen, Batseba sei eine Verführerin gewesen, die David absichtlich verleitet habe, um sich ein Leben im Palast zu sichern.

Was immer auch die Wahrheit sein mag, *David* war verantwortlich. Keine Frau verdient es, wie ein Objekt behandelt zu werden. Als er Batseba beim Baden beobachtete, hat er sich für die Sünde entschieden. Er begehrte, was ihm nicht zustand, und entehrte an einem einzigen Abend die Gebote Gottes.

David entschied sich für das Gegenteil von Gnade. Er wandte sich von Gott ab und ließ sein Herz durch die Sünde in Ketten legen. Wer sich aber auf die Sünde einlässt, der erlebt einen schleichenden geistlichen Tod und verbreitet Schmerz und Leid unter allen Beteiligten. Gnade dagegen macht frei von Sünde und durchbricht diesen destruktiven Prozess. Sie führt, wenn sie empfangen wird, zum Leben und gibt auch Leben an andere weiter.

Als Batseba zu David kam, nahm sich dieser Mann, der schon genug Frauen und Konkubinen hatte (was noch mehr Fragen in Bezug auf David aufwirft), was ihm nicht zustand. Er begehrte eine Frau, die zu einem anderen Mann gehörte.

Wenn David vorhergesehen hätte, welche weitreichenden Konsequenzen seine Sünde haben würde, hätte er sich dann anders entschieden? Sein moralisches Versagen wirkte sich aus auf das Kind, das gezeugt wurde, auf Batseba, auf Uria und sogar Davids Waffenbrüder, die er in die Ausführung des Mordes verwickelte. Welche Konsequenzen hatte das wohl auf die Moral seiner Männer? Uria jedenfalls war seinen Waffenbrüdern gegenüber loyal. Er wollte nicht mit seiner Frau schlafen, während seine Kameraden fern von zu Hause kämpften, und damit (unwissend) Davids Schuld verdecken. Das besiegelte sein Schicksal.

Ja, David wurde vergeben. David empfing Gnade und Barmherzigkeit. Aber die Konsequenzen seines falschen Handelns, des Missbrauchs seiner Macht und Autorität, betrafen nicht nur ihn.

Batseba verlor ihren Ehemann und trauerte. Während sie mit ihrem Kummer umgehen musste, wuchs das Kind eines anderen Mannes in ihr heran – eine ständige Erinnerung an das, was geschehen war.

Der Prophet Nathan hatte David gesagt: *„So hat … der Herr deine Sünde weggenommen; du wirst nicht sterben. Aber weil du die Feinde des Herrn durch diese Sache zum Lästern gebracht hast, wird der Sohn, der dir geboren ist, des Todes sterben.“* Davids Reue brachte Vergebung, aber die Konsequenzen seines Handelns brachten den Tod.

Wenn Sie glauben, dass unmoralische Entscheidungen nur den Menschen betreffen, der sich dadurch schuldig macht, dann denken Sie noch einmal nach. Die Sucht nach pornografischen Darstellungen hat verheerende, negative Folgen für das Herz, für die Beziehungen und die Familie. Ehebruch betrifft nicht nur die, die ihn begehen. Für einen Augenblick der Leidenschaft werden Leben und Lebenswerke zerstört.

Während das Kind in ihr wuchs und gedieh, hat Batseba

sicher darüber nachgedacht, wie sie es lieben und großziehen würde. Angesichts ihres großen Verlustes würde ihr Gott doch sicher diesen kleinen Trost lassen. Wie sollte sie das Kind nennen? Würde sie es in ein paar Jahren ansehen können und nicht mehr Scham und Trauer darüber empfinden, wie es empfangen wurde?

Sie brachte das Kind zur Welt, betrachtete es liebevoll, wenn sie es stillte, und musste dann mit ansehen, wie es krank wurde. Uns wird berichtet, dass David mit Gott rang, dass er in Sack und Asche ging, fastete und nächtelang um das Leben seines Kindes flehte. Am siebten Tag wurden die Worte des Propheten wahr und der Junge starb.

Wenn Sie in Batsebas Situation wären, wie würden Sie auf diesen Verlust reagieren? Würde sich Ihr Kummer in Bitterkeit verwandeln? Würden Sie Gott Vorwürfe machen? Ihn anschreien und nach dem Warum fragen? Ihm vorwerfen, er tue Böses?

Gott hätte das Kind als Totgeburt auf die Welt kommen lassen können. Er hätte es unmittelbar nach der Geburt sterben lassen können. Doch Gott erlaubte dem Kind, sieben Tage zu leben. Warum? Wir wissen die Antwort nicht, aber wo Gott richtet, sollten wir auch nach seiner Gnade Ausschau halten, denn sie ist trotz allem da.

Haben Sie schon einmal erfahren, dass Gott in Ihrem Leben Recht spricht, dass er richtet? Haben Sie mit angesehen, wie die Folgen Ihrer schlechten Entscheidungen diejenigen getroffen haben, die Sie lieben? Haben Sie es vermeiden können, in Schuldgefühlen, Scham, Zorn und Bitterkeit zu versinken?

Lassen Sie uns zu der Anfangsfrage dieses Kapitels zurückkehren. Ist Gott böse auf Sie? Bestraft er Sie für etwas, was Sie getan haben? Schüttet Gott seinen Zorn über jemanden aus, den Sie lieben, weil Sie einen Fehler gemacht haben?

Es ist typisch menschlich, Gottes Güte infrage zu stellen. Im Garten Eden wurde Eva durch die verdrehten Worte des Feindes in Versuchung geführt. „Sollte Gott gesagt haben …?" Sobald Sie die Güte Gottes infrage stellen, sobald Sie diesem Gedanken in sich Raum geben, wird ihre Beziehung zu Gott Schaden nehmen.

Gnade hat mit Entscheidung zu tun. Sie begann als eine Entscheidung im Herzen Gottes, seine Liebe uns sündigen Menschen gegenüber zu zeigen. Gnade begegnet uns da, wo wir sie am meisten brauchen: mitten in unserem Versagen. Sie kommt in unser Leben hinein, wie sie schon in Batsebas Leben kam, genau in dem Augenblick, als sie am verwundbarsten war. Sie war betroffen von einem großen Verlust und großer Schuld. Würde sie sich dafür entscheiden, Gott zu vertrauen und seine Gnade empfangen? Oder würde sie stattdessen bei der Frage nach dem „Warum" stehen bleiben und sich in ihren Zorn hineinsteigern? Es war eine Feuerprobe für Batseba, die sie zwang, eine Entscheidung zu treffen. Glaubte und vertraute sie Gott, während sie beobachtete, wie David Buße tat? Öffnete sie sich für Gottes Gnade, trotz aller unbeantworteten Fragen?

Ganz gleich, in welch herausfordernden Lebensumständen Sie sich befinden mögen – Gott fragt Sie, ob Sie *ihm* glauben wollen anstatt dem, was Sie über Ihr Leben denken. Er verspricht Ihnen nicht, Ihr Leben besser zu machen oder Ihnen eine Erklärung dafür zu geben, warum er getan hat, was er getan hat. Aber er bietet Ihnen mitten im Sturm Ihres Lebens seine Gnade an.

Als Petrus, ein Jünger Jesu, aus dem Boot stieg und ihm auf dem Wasser entgegenging, zeigte er großen Glauben. Doch als die Wellen anschwollen und Petrus den Blick von Jesus abwandte, weil er nur noch Augen für seine augenblickliche Situation hatte, fing er an zu sinken.

Die Frage, die Gott Batseba stellte, die Frage, die Jesus Petrus stellte, ist dieselbe Frage, die er auch Ihnen stellt. Werden Sie Gott glauben? Werden Sie Ihr Leben der Gnade Gottes anvertrauen?

„Als David seine Frau Batseba getröstet hatte, ging er zu ihr hinein und wohnte ihr bei. Und sie gebar einen Sohn, den nannte er Salomo. Und der Herr liebte ihn. Und er tat ihn unter die Hand des Propheten Nathan; der nannte ihn Jedidja um des Herrn willen."

Etwas Entscheidendes hat sich verändert. Während seiner ersten Begegnung mit Batseba begehrte David sie nur und nahm sich, was er wollte. Doch nun tröstet David sie und begegnet ihr voller Liebe, nicht nur Leidenschaft. Die Veränderung in seinem Herzen brachte ihn dazu, sich anders gegenüber der Frau zu verhalten, die er zu seiner Ehefrau gemacht hatte. Das ist die Gnade Gottes.

Batseba gehört zur Ahnenreihe Jesu. Sie ist die Mutter mit dem gebrochenen Herzen, deren Mann getötet wurde, deren kleiner Sohn starb, deren zweiter Sohn der künftige König werden würde.

Batseba. David. Salomo. Allesamt Vorfahren von Jesus.

Allesamt individuelle Beispiele für die Gnade Gottes.

7. Kapitel

Die Antwort auf die größte Frage

SALOMO

Wenn Sie den Namen „Salomo" aussprechen, dann sprechen Sie von Weisheit. Salomos Name steht auch für Wohlstand, Macht und Reichtum. Er baute den Tempel Gottes, der in der antiken Welt ein Juwel war. Sein Vater hatte sich als Krieger einen Ruf erworben, Salomo jedoch wurde für seine Weisheit bekannt, seine ausgedehnten Besitztümer und den Segen Gottes.

Salomo ist aber auch für seine Exzesse bekannt. Er hatte viele Frauen und Konkubinen. Er lief den Frauen hinterher und ihren Göttern ebenfalls. Er betrieb Götzendienst.

Und dennoch hatte dieser Mann von Gott große Weisheit geschenkt bekommen und die Fähigkeit, gerecht zu urteilen. Als zwei Frauen zu ihm kamen, die beide behaupteten, ein Kind sei ihres, entschied Salomo, das Kind in zwei Hälften zu teilen. Die Art und Weise, wie jede der beiden Frauen auf dieses Urteil reagierte, offenbarte die Wahrheit über sie und den Zustand ihrer Herzen. Das Urteil Salomos offenbarte die wahre Mutter.

Unglücklicherweise blieb Salomos Herz zerrissen zwischen dem wahren Gott und den Götzen, und so würde auch das Reich Israel nach seinem Tod zerrissen werden. Salomos eigene Familienangehörige würden gegeneinander kämpfen, um nach dem Tod von David die Kontrolle über den Thron zu erlangen.

Salomos Nachkommen wurden in Chaos und Gewalt verstrickt, so als würden die Sünden anderer an ihnen heimgesucht. Und doch waren da auch die überreichen Segnungen Gottes.

Bereits zu Beginn seiner Regierungszeit offenbarte ein Gespräch mit Gott die weise Seite von Salomos Charakter. Gott stellte ihm eine eindringliche Frage und Salomo antwortete mit einer erstaunlichen Einsicht in das Herz Gottes (1. Kön. 3,1-15).

Wer *bist* du?

Viele Menschen beantworten diese Frage nie. Sie ist zu schwer. Stattdessen definieren sie sich durch eine Frage, die weitaus einfacher zu beantworten ist, und richten ihr Leben danach aus:

„Was *tust* du?"

Ich bin Buchhalter. Ich bin Ingenieur. Ich bin Musiker. Ich bin Vollzeitmutter. Ich verkaufe Autos oder Computer oder Versicherungen. Ich bin Pastor. Das ist es, was ich jeden Tag *mache.* Das ist es, was ich *bin.*

Nein, das ist nicht, was Sie sind. Was Sie *tun* ist niemals wer Sie *sind.* Wir haben gesehen, wie sich diese Wahrheit in den Leben der Heiligen des Alten Testaments widerspiegelt, in den Leben der Männer und Frauen in der Ahnenreihe Jesu. Es geht niemals darum, was Sie getan haben oder was Ihnen angetan wurde, welches Potenzial Sie haben oder nicht haben. Es geht nicht darum, mit wem Sie verwandt oder nicht verwandt sind. Die Herkunft spielt natürlich eine Rolle im Plan Gottes, aber sie bestimmt nicht unseren Wert in Gottes Augen.

Wer Sie sind, ist eine sehr viel tiefer gehende Frage. Sie berührt Ihr Herz im Innersten. Worauf vertrauen Sie? Was gibt Ihrem Leben Bedeutung? Was gibt Ihnen Sinn und Ziel? Was treibt Sie an? Warum tun Sie, was Sie tun, auf die Weise, in der Sie es tun?

Wer sind Sie?

Vielleicht haben Sie Jahre oder sogar Jahrzehnte damit zugebracht, sich selbst zu definieren, sich selbst in dem Licht der Entscheidungen zu betrachten, die Sie getroffen haben, oder der Einbrüche, die Sie erleiden mussten. Sie haben nach Trost gesucht, danach, sich auf ihren Fähigkeiten auszuruhen, in irgendeiner Nische, die Sie sich im Leben gebaut haben. Sie haben alles miteinander vermischt – wer Sie sind, was Sie tun, was Sie getan haben, Erfolge, Versagen. Sie haben es sich in ihrem Leben eingerichtet und sind zufrieden an dem Ort, den Sie erreicht haben. *So ist es nun einmal und so wird es immer sein*, sagen Sie sich vielleicht. *Hör auf, dich zu wehren. Gewöhne dich einfach an dieses Lebensgefühl.*

Aber wer sind Sie, auch geistlich gesehen? Wo stehen Sie in Ihrer Beziehung zu Gott?

Ich bin Christ. Ich gehe in die Gemeinde um die Ecke. Ich habe jahrelang Kindergottesdienst gehalten. Ich lese jeden Tag in der Bibel. Ich spende an Missionsorganisationen. Ich helfe einmal im Monat in der Suppenküche aus. Ich engagiere mich ehrenamtlich bei der Schwangerschaftskonfliktberatung. Ich versuche, ein gutes Leben zu führen. Ich versuche, jedes Jahr etwas weniger zu sündigen. Ich habe eine Liste mit guten Taten, die hoffentlich die schlechten aufwiegen. Zugegeben, ich habe mich ein wenig an die Sünde in meinem Leben gewöhnt, aber schließlich tut sie niemandem weh.

Doch all das macht Sie nicht als Glaubender aus. Das ist es, was Sie getan haben und was Sie versuchen, in geistlicher Hinsicht zu tun. Sie versuchen, Ihre Beziehung mit Gott an Ihren „geistlichen Taten" zu messen. Aber das *sind* Sie nicht.

Gott kümmert sich nicht um das, was Sie ihm anbieten können. Das mag sich vielleicht schockierend anhören, weil viele von uns glauben, dass sich Gott nach dem sehnt, was wir ihm geben können. Denn überall sonst in unserem Leben möchten die Leute doch Ergebnisse sehen und beurteilen uns danach, wie gut wir ihre Erwartungen erfüllen. Ist Gott denn nicht genauso?

Die erstaunliche, überraschende Nachricht ist: Gott möchte *mehr*, als Sie ihm geben können. Er möchte Vollkommenheit. Aber wir, Sie und ich, sind nicht vollkommen.

Gott möchte, dass Sie das *sind*, wozu Sie geschaffen wurden – all das, wozu Sie geschaffen wurden. Wenn Sie aus diesem „Sein in Gott" heraus leben, können Sie all das werden und tun, wozu er Sie befähigt hat.

Sie sind zu etwas anderem, Tieferem berufen, als nur die Oberfläche Ihres Lebens zu verändern oder Ihre Beziehung zu Gott an einem „Sündenbarometer" oder Ihrem „Leistungsnachweis" zu messen.

Gott wirkt durch seine außergewöhnliche Gnade. Die Vollkommenheit, nach der er sich sehnt, möchte er Ihnen schenken. Allein seine Kraft wird Ihnen helfen, zu ihm zu kommen, bei ihm zu Hause zu sein. Er will Sie an sein Herz ziehen, Sie zu Ihrem wahren Selbst führen, die Person aus Ihnen machen, als die sie geschaffen wurden. Die Gnade wird Sie davon befreien, irgendeinen Standard erreichen zu wollen, etwas vorzutäuschen oder Erfolg haben zu müssen.

Epheser 2,8-9 macht deutlich, dass Sie allein durch Gottes Gnade in seine Familie aufgenommen wurden:

„Denn aus Gnade seid ihr selig geworden durch Glauben, und das nicht aus euch: Gottes Gabe ist es, nicht aus Werken, damit sich nicht jemand rühme."

Gott hat Ihnen dieses Geschenk gemacht. Sie haben es nicht verdient. Sie hätten es niemals durch ein gutes Leben erkaufen können. Es ist etwas, was außerhalb Ihres Budgets liegt, jenseits dessen, was Sie zahlen könnten. Jesus Christus hat dieses Geschenk für Sie erworben. Sie brauchen nur seinen Worten Glauben zu schenken, dem, was er über Sie, Ihre Schuld und seine Vergebung sagt. Sie brauchen ihm nur zu erlauben, Sie durch seine Gnade von innen nach außen zu verändern, ihre Seele umzugestalten und Ihre Handlungen zu erneuern.

Sie wurden nicht geschaffen, um ein gutes, tugendhaftes Leben zu führen. Sie wurden von Gott geschaffen und von Christus erlöst, damit Sie die guten Werke tun, die Gott selbst im Voraus für Sie vorbereitet hat. Dadurch geben sie Gott die Ehre. Er schuf und erlöste Sie, weil er besondere Aufgaben für Sie vorgesehen hat. Ihr Herz wird so lange ruhelos sein, bis Sie die Freiheit entdecken, die darin besteht, Gottes gnadenvollen Wegen zu folgen. Dafür müssen Sie sich entscheiden. Ihr Herz wird sich eher mit weniger zufriedengeben wollen, mit einem Lebensstil, der sich „bemessen" lässt. Sie werden in die Versuchung geraten, Gott zu gefallen, indem Sie etwas für ihn tun, was ihn glücklich macht. Sie werden versuchen, seine Erwartungen genauso zu erfüllen wie die Erwartungen der Menschen in Ihrem Leben, denn das macht Sie glücklich.

Öffnen Sie sich für diese Wahrheit: Gott dachte schon an Sie, bevor Sie zu ihm kamen, sogar bevor Sie geboren wurden! Er hat die Dinge, die Sie eines Tages für ihn vollbringen sollen, bereits in den Stoff Ihres Lebens hineingewebt. Seine außerge-wöhnliche Gnade macht Sie zu dem, was Sie in Gottes Augen bereits sind. Seine Gnade ist es, die Ihnen die Tugendhaftigkeit seines Sohnes zugutehält. Er betrachtet Sie als vollkommen, ge-kleidet in die Heiligkeit Christi. Er hat die Dinge, die Sie tun sollen, nicht vorbereitet, damit Sie bei ihm punkten können oder in seinen Augen „besser" werden. Er hat Pläne für Sie, die aus dem erwachsen, was Sie bereits in Christus sind. Pläne, die Sie näher zu Gott hinziehen werden.

Ich frage Sie also noch einmal. Wer sind Sie?

Diese Frage betrifft Ihr Herz. Im Garten Eden fragte Gott nicht einfach nur: „Wo bist du?" Gott wusste sehr gut, wo Adam war. Er fragte: „Adam, *wer* bist du jetzt? Weißt du, was mit unse-rer Beziehung geschehen ist?" Dem blinden Bartimäus stellte Jesus die Frage: „Was willst du, dass ich für dich tun soll?" Mit anderen Worten: „Was liegt dir auf dem Herzen, was ist die Sehnsucht tief in dir? Ich möchte diese Sehnsucht erfüllen, dem Bedürfnis deiner Seele begegnen und das Verlangen deines Herzens stillen."

Gott stellt Ihnen dieselbe Frage auf vielerlei Weise jeden Tag. Was ist Ihr tiefstes Bedürfnis? Was ist Ihre wahre Sehnsucht?

Gott unterzog Salomo einem großartigen Test, indem er ihm eine eindringliche Frage stellte. Sicher haben Sie von die-sem großen König Israels gehört. Von ihm hieß es, er sei der weiseste Mensch, der jemals gelebt habe. Lesen Sie die Sprüche und Ihnen wird dort die uralte Weisheit begegnen, die Salomo besaß und weitergab. Seine Worte passen auch heute noch auf jeden Aspekt des Lebens. Doch der weise Salomo hatte große

Schwierigkeiten damit, die Frage zu beantworten, die Gott ihm gestellt hatte.

Salomo war der zweite Sohn von David und Batseba. Sein älterer Bruder war gestorben, als er sieben Tage alt war. Die Beziehung zwischen seinem Vater und seiner Mutter begann mit einem Ehebruch. Das führte dazu, dass David Batsebas Ehemann Uria umbrachte, auch wenn er es nicht eigenhändig tat. David nahm sich Batseba zur Frau. Nach einer Zeit der Trauer wurde Salomo gezeugt und in diese königliche, aber ziemlich dysfunktionale Familie hineingeboren.

Salomo hatte seine innerfamiliären Schwierigkeiten, musste das Erbe eines kriegerischen Vaters antreten und unterhielt ein problematisches Verhältnis zu Frauen – wohl weil er so viele Ehefrauen wie möglich haben wollte. Er folgte dem guten Rat seines Vaters, opferte aber immer noch an den heidnischen Heiligtümern. Er baute sein eigenes Haus, bevor er überhaupt mit dem Haus Gottes begonnen hatte. Vieles in Salomos Leben spricht davon, dass sein Herz hin- und hergerissen war zwischen Gott und den Götzen.

Trotz alledem erschien Gott Salomo und sagte: *„Bitte, was ich dir geben soll!"* (1. Könige 3,5).

Das war kein Blankoscheck, sondern eine Prüfung. Gott bietet sich nicht als Flaschengeist an, der wahllos Wünsche erfüllt, sondern testet Salomos Herz.

Gott fragt, wonach Salomo sich wirklich sehnt. Diese Frage offenbart das, was in ihm vorgeht, wie keine andere. Es ist interessant, dass Salomo diese Frage nicht in einem wachen Moment gestellt wird, sondern in einem Traum. Gott wirft einen tiefen Blick hinein in das Leben des Sohnes eines Ehebrechers, des Sohnes eines Mannes nach dem Herzen Gottes, des Sohnes eines Vaters, der ständig hin- und hergerissen war.

Werfen auch wir einen Blick in Salomos Herz:

„Salomo sprach: „Du hast an meinem Vater David, dei-nem Knecht, große Barmherzigkeit getan, wie er denn vor dir gewandelt ist in Wahrheit und Gerechtigkeit und mit aufrichtigem Herzen vor dir, und hast ihm auch die große Barmherzigkeit erwiesen und ihm einen Sohn gegeben, der auf seinem Thron sitzen sollte, wie es denn jetzt ist.
Nun, Herr, mein Gott, du hast deinen Knecht zum König gemacht an meines Vaters Davids statt. Ich aber bin noch jung, weiß weder aus noch ein. Und dein Knecht steht mit-ten in deinem Volk, das du erwählt hast, einem Volk, so groß, dass es wegen seiner Menge niemand zählen noch berechnen kann. So wollest du deinem Knecht ein gehorsames Herz ge-ben, damit er dein Volk richten könne und verstehen, was gut und böse ist. Denn wer vermag dies dein mächtiges Volk zu richten?"

Salomos Antwort gefiel Gott. Mit ihr offenbarte Salomo seine größte Not, seine Unfähigkeit. Er gab zu, dass er der Aufgabe, die Israeliten anzuführen, nicht gewachsen war. Er demütigte sich, und Gott liebt ein demütiges Herz. Salomo beginnt sei-ne Antwort, indem er seine Beziehung zu Gott beschreibt. Im Grunde sagte er: „Du bist Gott, und ich bin es nicht. Ich bin in Not, und du bist der Einzige, der mich fähig machen kann, das zu erreichen, was diese Nation braucht."

Wenn auch Sie mit dieser Haltung zu Gott kommen, wird er hören und antworten.

Nachdem er seine Not eingestanden hat, äußert Salomo Gott gegenüber sein Anliegen. Er war nicht schüchtern. Er hielt nichts zurück. *Ihr habt nicht, weil ihr nicht bittet,* heißt es im

Jakobusbrief. Salomo hätte um viele Dinge bitten können, doch sein Anliegen ging über das Oberflächliche hinaus und konzentrierte sich auf das, was er am meisten brauchte. Er bat um Unterscheidungsvermögen, die Fähigkeit, Gutes vom Bösen zu unterscheiden.

Hätten Sie um dasselbe gebeten? Was ist in Ihrem Leben momentan die größte Not? Sind es Ihre Finanzen? Hätten Sie Gott um Geld gebeten, damit Sie ihr Haus abbezahlen können? Oder vielleicht um eine kleine Rücklage für die Rente? Hätten Sie Gott um die Erlösung eines Familienangehörigen oder Freundes gebeten? Oder darum, dass Sie von einer Krankheit geheilt werden oder jemand, den Sie lieben? Hätten Sie um den perfekten Ehepartner gebeten?

Salomo hätte um alles unter der Sonne bitten können, aber er gab stattdessen seinen tiefen inneren Mangel zu und bat um Hilfe. Tief drinnen, fern von allen Kämpfen und Intrigen, verborgen unter all den familiären Dysfunktionen, den persönlichen Süchten wie die Abhängigkeiten von seinen Ehefrauen und Konkubinen, sehnte sich Salomos Herz nach wahrer Weisheit. Und Gott gewährte sie ihm, und noch viel mehr.

So ist Gottes Gnade, wenn sie ausgegossen wird. So ist Gott, der auf das Anliegen eines willigen Herzens antwortet.

„Und Gott sprach zu ihm: ‚Weil du darum bittest und bittest weder um langes Leben noch um Reichtum noch um deiner Feinde Tod, sondern um Verstand, zu hören und recht zu richten, siehe, so tue ich nach deinen Worten. Siehe, ich gebe dir ein weises und verständiges Herz, sodass deinesgleichen vor dir nicht gewesen ist und nach dir nicht aufkommen wird. Und dazu gebe ich dir, worum du nicht gebeten hast, nämlich Reichtum und Ehre, sodass deinesgleichen keiner

unter den Königen ist zu deinen Zeiten. Und wenn du in meinen Wegen wandeln wirst, dass du hältst meine Satzungen und Gebote, wie dein Vater David gewandelt ist, so werde ich dir ein langes Leben geben.' Und als Salomo erwachte, siehe, da war es ein Traum."

Aber Gottes Gnade war nicht nur ein Traum, sondern real. Er tat, was er zu tun versprochen hatte. Und er wird dasselbe in Ihrem Leben tun.

Ganz gleich, wie weit Sie sich von ihm entfernt haben, ganz gleich, wie viel Wert Sie bloßen Dingen oder der Gesundheit oder dem Wohlstand beigemessen haben – Gott ist bereit, Sie willkommen zu heißen, und Ihnen Weisheit für die Aufgaben zu geben, die vor Ihnen liegen. Er ist bereit, seine Gnade über Ihnen auszubreiten.

Als Salomo älter wurde, heiratete er tragischerweise immer mehr heidnische Frauen, Hunderte von ihnen, und brachte sie ins Land Israel. Wo war seine Weisheit geblieben? Er gehorchte Gott nicht. Sein Herz war hin- und hergerissen zwischen Gott und den Götzen seiner Frauen. So erging es dann auch dem Königreich, das er seinen Nachkommen hinterließ.

Und trotzdem ist Salomo einer der Vorfahren von Jesus. Er gehört in die Ahnenreihe der Gnade Gottes.

Wer *sind* Sie? Was möchten Sie von Gott?

Er bietet Ihnen seine Gnade an, in diesem Augenblick. Was hält Sie davor zurück, sie anzunehmen?

3. Teil

Gottes Gnade ausbreiten

Oh, welche Liebe schmiedete den Plan der Erlösung!

Oh, welche Gnade brachte ihn hinunter zu den Menschen!

Oh, welch einen Abgrund überbrückte Gott auf Golgatha!

William R. Newell

8. Kapitel

Er verpasste beinahe die Gnade in der Krippe

Josef

Er ist ein Zimmermann in Nazareth. Ein Arbeiter mit rauen Händen und abgebrochenen Fingernägeln in einer unbedeutenden Kleinstadt im Hinterland Israels. Während er jeden Tag an seiner Werkbank schwitzt und gerade so über die Runden kommt, hört er manchmal die Schritte römischer Soldaten. Er hört Neuigkeiten von Reisenden aus Jerusalem. Die Herrschaft der fremden Armee hängt bedrückend über dem Land und seinen Bewohnern wie eine Wolkendecke. Oft denkt er an den Verheißenen, den Messias. Er sehnt sich nach Gottes Zuspruch, genauso wie der Rest Israels, doch seine alltägliche Arbeit bringt ihn zu den Aufgaben zurück, die vor ihm liegen. Mach das, was gerade anliegt. Arbeite weiter.

Er hat sich auf seine Hochzeit gefreut und darauf, eine Familie zu gründen. Er hat so hart gearbeitet, damit er eine Frau und die Kinder, die hoffentlich kommen werden, versorgen kann – sofern

Gott seinen Segen dazu gibt. Seine Familie hat für ihn eine Frau ausgesucht und er hat geduldig gewartet, so geduldig, wie ein Mann sein kann. Er hat über seine Verlobte, die junge Frau Maria, schon viel Gutes gehört. Und er ist ein gerechter Mann. Ein keuscher Mann. Er hat sich an die Gesetze seines Volkes gehalten, obwohl er weiß, dass er nicht vollkommen ist. Wer kann schon so heilig sein wie Gott?

Dann erhält Josef eine Nachricht, und seine Welt zerspringt in tausend Stücke. Er lässt seinen Kopf hängen. Sein Schweiß tropft wie Tränen auf die Werkbank. Wie kann das sein? Wie konnte sie ihn nur so behandeln? Maria ist schwanger. Er hatte gehört, dass sie solch eine wundervolle, junge Frau sei, die eine wunderbare Ehefrau abgeben würde. Doch dieser Traum ist jetzt gestorben.

Er ist wütend, kann es nicht glauben, und dann ist er einfach nur enttäuscht darüber, wie sich das Leben plötzlich gegen ihn gewandt hat. Doch inmitten von Leid und Schmerz denkt er an sie. Er malt sich ihre Schande aus und die Vorwürfe, die sie nun wegen ihrer Schamlosigkeit erdulden muss. Er denkt daran, wie er in so einer Situation gerne behandelt werden würde, mit einem Mindestmaß an Verständnis und Barmherzigkeit. Also unterdrückt er seine zornigen Gefühle genauso wie die Stimmen derer, die ihm sagen, Maria müsse gesteinigt werden. Er möchte die Sache im Stillen erledigen, ihr noch mehr Leid und Peinlichkeit ersparen. Er will sie nicht lächerlich machen und mit Steinen nach ihr werfen. Er wird sie mit Ehre und Respekt behandeln, obwohl sie das nicht verdient.

Josef ist hundemüde und fällt in sein Bett. Im Schlaf besucht ihn ein Engel. Das Wesen sagt ihm Dinge, die seinen Verstand übersteigen. Wie es im Laufe der Jahrhunderte bei Begegnungen mit normalen Sterblichen schon viele Engel getan haben, sagt ihm auch dieser, er solle sich nicht fürchten. Er sagt, er solle keine Angst davor haben, Maria zur Frau zu nehmen, weil …

Josef wacht auf. Kann das wahr sein? Maria soll immer noch Jungfrau sein und das Kind in ihr ist von Gott empfangen, vom Heiligen Geist?

Das Kind ist ein Junge. Der Name des Kindes soll Jeschua sein oder Jesus, denn er wird sein Volk von seinen Sünden erlösen. Der Verheißene, der Messias, wird der Stiefsohn von Josef! Gott mit uns. Immanuel. Gott gewährt Josef die Gelegenheit und die Verantwortung, seinen eigenen Sohn großzuziehen.

Kann das sein? Geschieht das wirklich?

Was wird Josef tun (Mt. 1,18-25)?

Woher weiß man, dass man die Gnade Gottes empfangen hat? Man bekommt keine Benachrichtigung in den Briefkasten oder eine Bestätigung per Telefon. Gott lässt uns nicht plötzlich signalrot leuchten oder verleiht uns einen Heiligenschein. Aber es gibt ein offensichtliches Zeichen, dass man die Gnade empfangen hat und aus ihr heraus lebt.

Wenn Gott zu Ihnen vordringt und seine Gnade sich in Ihrem Leben Raum verschafft, dann beginnt sich Ihre Welt zu verändern. Zunächst vielleicht kaum merklich. Sie beginnen, die Welt mit anderen Augen zu sehen. Sie empfinden Dankbarkeit über die Gnade Gottes und missbrauchen Ihre Freiheit nicht als Freifahrtschein für die Sünde. Ihre Welt wird mehr und mehr durch die Wahrheit Gottes erhellt, und Ihr Schöpfer zieht Ihr Herz langsam, aber sicher zu sich hin. Je mehr Sie sich Gott nähern, desto mehr Veränderungen werden Sie bemerken.

Wenn die Gnade sich erst einmal in Ihrem Leben festgesetzt hat, dann werden Sie sich nicht länger abmühen, um Gottes

Wohlgefallen zu erlangen. Sie haben nämlich verstanden, dass Gott Ihnen schon längst gnädig ist. Sie können in seiner Liebe ruhen. Und wenn Sie ruhen, sehen Sie die Dinge anders. Sie leben nicht mehr nur dafür, für sich selbst das Beste aus Ihrem Leben „herauszuholen". Sie schauen nun über den Tellerrand hinaus, nehmen das größere Bild wahr und fragen: „Was ist das Beste für den *anderen* Menschen?"

Der Pastor und Autor Chip Ingram beschreibt wahre Liebe so: „Unter hohem persönlichen Einsatz einer anderen Person das zu geben, was sie am meisten braucht, gerade dann, wenn sie es am wenigsten verdient."

Gottes außergewöhnliche Gnade ist das, was wir am meisten nötig haben. Sie wurde uns bereits geschenkt, als wir sie am wenigsten verdient hatten, denn Christus starb für uns, als wir noch Sünder waren. Sein hoher persönlicher Einsatz kostete ihm das Leben. Aber nur dadurch konnten wir dieses unbeschreibliche Geschenk erhalten. Der, der von keiner Sünde wusste, wurde für uns zur Sünde gemacht, damit wir die Gerechtigkeit würden.

Gnade ist niemals umsonst. Sie kostet immer jemanden etwas.

Gnade zu empfangen und aus ihr heraus zu leben, das beinhaltet, dass wir nicht auf unseren Verstand, unsere Fähigkeiten oder unser „Gutsein" vertrauen. Gott nimmt Sie an, liebt Sie und umgibt Sie. Er nimmt Sie in seine Familie auf, aber nicht, weil Sie etwas getan hätten, um sich dieses Recht zu verdienen, sondern aufgrund seiner Liebe Ihnen gegenüber. Sie geben Gott die Ehre, indem Sie sich für seine Gnade öffnen und sie empfangen.

Gottes Gnade hört hier noch nicht auf. Gnade ist kein Mittel zum Zweck, sondern der Anfang von etwas Neuem. Gnade wird sich aus einem Herzen, dem vergeben wurde, immer weiter ausbreiten.

Dass die Gnade Gottes über Ihnen „aufgegangen" ist, zeigt sich darin, dass Sie anfangen, auch anderen gegenüber reichlich Gnade walten zu lassen, so wie Gott Ihnen gnädig gewesen ist.

Das führt uns zu Josefs Geschichte. Obwohl er kein Blutsverwandter war, ist er doch von Gott auserwählt worden, um ein irdischer Vater für Jesus zu sein.

Wir wissen nicht viel über Josef. Im Matthäusevangelium lesen wir, dass er ein „frommer Mann" war. Von Beruf war er Zimmermann und mit Maria verlobt, als er gesagt bekam, dass Maria schwanger sei.

Die Verlobung wurde in der antiken jüdischen Kultur anders gestaltet als unsere heutigen Verlobungen. Die Verlobung war die Unterzeichnung eines Vertrages zwischen zwei Elternpaaren, die entschieden hatten, dass ihre beiden Kinder einander heiraten sollten. Sobald dieser Vertrag unterzeichnet war, wurde er als verbindlich angesehen. Trotzdem kam das Paar bis zur Hochzeitsfeier nicht zusammen, auch wenn die Verlobungszeit sich Monate und oft sogar ein Jahr lang hinzog. Erst, als Hochzeit gehalten war, wurde auch die Ehe vollzogen.

Maria und Josef waren verlobt. Der Vertrag war von ihren Eltern unterschrieben worden. Aus diesem Vertrag konnte man nur mit einer Ehescheidung aussteigen. Die Verlobungszeit war eine Probezeit, in der man prüfen wollte, ob die beiden Familien immer noch glücklich miteinander waren und ob das Paar einander treu blieb, obwohl es nur sehr wenig Kontakt miteinander hatte.

Als Josef die Nachricht bekam, dass Maria schwanger war,

wusste er, dass er keine Wahl hatte. Sie hatte den Vertrag gebrochen. Aber die Art und Weise, wie Josef damit umging, zeigt uns etwas von seinem Charakter. Er wollte sie nicht öffentlich bloßstellen, sondern dachte bei sich: „Ich gehe einfach nur zum Anwalt. Wir machen das hinter verschlossenen Türen und lassen uns in aller Stille scheiden."

Ich weiß nicht, wie das mit Ihnen ist, aber wenn *ich* Josef gewesen wäre, hätte ich nicht so reagiert! Wenn eine Frau, mit der ich verlobt bin, mir untreu geworden wäre, hätte ich mir vermutlich keine Gedanken über ihre Bloßstellung gemacht. Sie hat *mich* doch bloßgestellt! Ich hätte vermutlich mit dem Finger auf sie gezeigt und mit Steinen geworfen. Doch Josef tat das nicht. Er tat es noch nicht einmal in Gedanken. Er wollte menschenfreundlich sein, barmherzig.

Das zeigt mir, dass Josef Maria liebte. Er wollte sie nicht bloßstellen, trotz der Tatsache, dass sie ihn bloßgestellt hatte. So ging er mit dieser Situation um.

Stellen wir uns vor, wie Jesus viele Jahre später in einer ganz bestimmten Situation Pharisäern und religiösen Anführern begegnet. Manche von ihnen nehmen ihre Gesetzestreue zum Anlass, sich als etwas Besseres zu fühlen. Jesus erinnert sich wieder daran, was seine Mutter Maria ihm von Josef erzählte, der so anders als diese Männer gewesen war. Jesus blickt auf die Frau vor sich, die beim Ehebruch ertappt worden war. Sie liegt auf ihren Knien vor diesen „gerechten" Männern und erwartet ängstlich ihr Urteil. Doch Jesus schickt die Männer mit wenigen, gut gewählten Worten fort. Und er zeigt sich gnädig gegenüber der Frau. Hatte er diese Art von Liebe im Herzen seines irdischen Vaters Josef gesehen?

Hat Jesus als Junge seine Mutter öfter gebeten, die Geschichte noch einmal zu erzählen – die Geschichte, wie sich sein Vater entschieden hatte, sie „heimlich zu verlassen"? Diese Erzählung wurde von Generation zu Generation weitergegeben, weil sie so eine zentrale Stellung in der Familiengeschichte einnahm. Sie war zu einem integralen Bestandteil des „Familienalbums" geworden. Josef beugte sich nicht dem Druck, Maria zu zeigen, wie viel Macht er über sie ausüben konnte. Das war nicht seine Art.

Warum?

Josef arbeitete mit seinen Händen. Ohne Zweifel hatte er schwielige Finger und abgebrochene Fingernägel. Seine Haut war rau und seine Muskeln waren durch Jahre der harten Arbeit gestählt. Vielleicht sah er wie ein knorriger, unsensibler Kerl aus – aber sein Handeln gegenüber Maria zeigt ein Herz voller Freundlichkeit, Sanftmut und Liebe, selbst angesichts einer großen Enttäuschung.

Obwohl Josef das Recht hatte, an Maria „ein Exempel zu statuieren" und sie wegen Hochverrats an seinem Herzen steinigen zu lassen, wählte er einen anderen Weg, vermutlich unter hohem persönlichen Einsatz. Die Leute in der kleinen Stadt Nazareth sahen ihn wahrscheinlich mit geschürzten Lippen spöttisch an und schüttelten die Köpfe. Wie würde er sich von so einem Verrat an seiner Ehre erholen?

Anstatt Maria bloßzustellen, wehrte sich Josef jedoch nicht gegen den Schmerz, sondern hielt ihn aus und zeigte sich Maria gegenüber gnädig.

Die Bibel erzählt uns nicht, ob Maria Josef in allen Einzelheiten berichtet hat, was mit ihr geschehen war, ob er es selbst herausfand und sie zur Rede stellte, oder ob es jemand anderes in der Familie erfuhr und es Josef besorgt mitteilte, vielleicht als „Gebetsanliegen": „Eigentlich wollte ich es dir ja gar nicht erzählen, aber ich habe gehört …"

Wir können annehmen, dass Maria wenigstens versucht hat, vom Besuch des Engels Gabriel und seiner schockierenden Botschaft zu berichten. Der überaus verstörenden Botschaft, dass Gott selbst dabei war, sich in ihrem Mutterleib häuslich einzurichten. Hatte Maria Angst vor dem, was Josef tun könnte, wenn er von ihrer Schwangerschaft erfuhr? Er wusste mit Sicherheit, dass das nicht sein Kind sein konnte, weil Maria und er keine körperlichen Intimitäten ausgetauscht hatten.

Maria hatte sich nichts vorzuwerfen. Sie war einfach eine junge Frau, die ihrer Arbeit nachgegangen war, den monotonen, alltäglichen Aufgaben eines entbehrungsreichen Lebens im Nazareth des ersten Jahrhunderts. Da wurde sie von der Gnade Gottes berührt, überrascht, erstaunt. Sie hatte gewartet – wie das ganze Land schon seit Hunderten von Jahren auf den Verheißenen, den Erlöser Israels, den Messias, den Christus, wartete. Und jetzt war er unterwegs! Das war eine freudige Nachricht, aber auch eine unfassbare. Maria würde den Befreier zur Welt bringen, Gott selbst, erschienen in einem Kind. Diese Botschaft war zu groß, um von ihr erfasst zu werden, wie konnte sie also hoffen, dass ihr Verlobter es verstehen würde? Wie konnte sie ihn dazu bringen, das zu glauben? *Ihr* zu glauben?

Aus dieser Geschichte können wir vieles lernen. Zum Beispiel, dass es nicht an uns liegt, jemanden dazu zu bringen, Gottes Wege zu verstehen. Gnade wirkt nicht so, dass sie uns treibt, andere vom Glauben überzeugen zu müssen. Das ist etwas, was nur Gott machen kann. Wir sollen lediglich von der Gnade

Gottes erzählen und anderen Menschen Gnade entgegenbringen. Gott kümmert sich um den Rest.

Gnade ist schwer zu glauben. Wenn Gott seine Gnade in ihrer Fülle gewährt, stellt sie Ihr Leben auf den Kopf. Wenn sie in Ihr Herz ausgegossen wird, verändert Gottes Gnade alles, so wie es bei Maria und Josef geschah.

Josefs Reaktion ist ein Hinweis darauf, dass Gott in seinem Herzen bereits am Wirken war. Sie können anderen gegenüber nicht gnädig sein, wenn Sie selbst keine Gnade erfahren haben. Es ist schwer, Liebe weiterzugeben, wenn man noch nie damit in Berührung gekommen ist. Anderen Menschen Gnade zu schenken, wenn man sie selbst niemals erlebt hat ist so, als versuche man, eine fremde Sprache zu sprechen, ohne sie jemals gehört zu haben. Oder als wolle man Wasser aus einem ausgetrockneten Brunnen schöpfen. Es ist unmöglich.

Hat Gott Josef erwählt, weil in ihm etwas Gutes war? Wusste Gott, dass der Zimmermann bereit sein würde, Maria seine Freundlichkeit und Großzügigkeit entgegenzubringen?

Wie wir in den Geschichten der Menschen aus der Ahnenreihe Jesu gesehen haben, hatte jede Person ihre dunklen Seiten und persönlichen Kämpfe. Und weil Josef ein Teil des menschlichen Geschlechts war, hatte auch er Probleme. Wir wissen nicht, welche es waren. Doch seine erste Reaktion bestand darin, sich zu distanzieren, nach dem Motto: „Das ist nicht mein Problem." Er wollte Maria und ihr ungeborenes Kind nicht verletzen, er wollte jedoch auch keine Verantwortung übernehmen. Er ging dem Problem aus dem Weg. Er wollte einfach sein Leben weiterleben wie bisher.

Gott schaut nicht auf das, was Sie ihm anbieten können. Wieder und wieder sehen wir das im Leben unserer Vorbilder aus der Bibel. Gott gebraucht unsere Schwäche und Unfähigkeit. Gott arbeitet mit Menschen zusammen, die kraftlose Hände und blinde Augen haben. Das gereicht ihm zur Ehre. Er nimmt etwas Brot und ein paar Fische aus den Händen eines Kindes und verwandelt sie in ein Festessen. Er nimmt Wasser in Tonkrügen und verwandelt es in den besten Wein, der bei der Hochzeit serviert wird. Er nimmt einen mit Ketten gefesselten, verwirrten Mann, der in einer Höhle lebt, den Schrecken der Stadt, und verwandelt ihn in einen klar denkenden Evangelisten.

> *„Seht doch, liebe Brüder, auf eure Berufung. Nicht viele Weise nach dem Fleisch, nicht viele Mächtige, nicht viele Angesehene sind berufen. Sondern was töricht ist vor der Welt, das hat Gott erwählt, damit er die Weisen zuschanden mache, und was schwach ist vor der Welt, das hat Gott erwählt, damit er zuschanden mache, was stark ist; und das Geringe vor der Welt und das Verachtete hat Gott erwählt, das, was nichts ist, damit er zunichte mache, was etwas ist, damit sich kein Mensch vor Gott rühme. Durch ihn aber seid ihr in Christus Jesus, der uns von Gott gemacht ist zur Weisheit und zur Gerechtigkeit und zur Heiligung und zur Erlösung, damit, wie geschrieben steht: Wer sich rühmt, der rühme sich des Herrn."*
> (1. Korinther 1,26-31)

Genau das ist bei Josef geschehen. Wäre es nach seiner eigenen Kraft und Fähigkeit gegangen, die Situation zu beurteilen, wäre er vor dem Auftrag, der Stiefvater des Friedefürsten zu werden, davongelaufen. Das hätte sich als tragischer Fehler erwiesen. Als er aber dann neben seiner Frau stand und den neugeborenen Säugling betrachtete, vom Heiligen Geist empfangen, hat Josef bestimmt einen Blick zum Nachthimmel über Bethlehem geworfen und geflüstert: „Ich hätte es beinahe verpasst."

Als die Weisen dem König der Könige ihre Gaben brachten, als die Hirten aufgeregt nach Bethlehem liefen, um zu erzählen, was sie aus dem Mund der Engel erfahren hatten – da muss es Josef gedämmert sein, dass er um ein Haar all das verpasst hätte. Er wäre beinahe davongelaufen.

Doch Gottes Gnade hat interveniert, zur Ehre Gottes des Vaters. Und so konnte das kleine bisschen Gnade, das Josef imstande war, Maria anzubieten, die Tore zu der Fülle der Gnade öffnen, die Gott in das Herz von Josef ausgießen wollte. So wirkt Gott.

Gott wirkt Wunder im Leben von Maria und Josef. Er bestätigt die Botschaft, die er Maria gegeben hatte, und nimmt Josef mit hinein in den großen Plan seines Wirkens in der Welt.

„Die Geburt Jesu Christi geschah aber so: Als Maria, seine Mutter, dem Josef vertraut war, fand es sich, ehe er sie heimholte, dass sie schwanger war von dem Heiligen Geist. Josef aber, ihr Mann, war fromm und wollte sie nicht in Schande bringen, gedachte aber, sie heimlich zu verlassen.

Als er das noch bedachte, siehe, da erschien ihm der Engel des Herrn im Traum und sprach: ‚Josef, du Sohn Davids, fürchte dich nicht, Maria, deine Frau, zu dir zu nehmen; denn was sie empfangen hat, das ist von dem Heiligen Geist. Und sie wird einen Sohn gebären, dem sollst du den Namen Jesus geben, denn er wird sein Volk retten von ihren Sünden.'

Das ist aber alles geschehen, damit erfüllt würde, was der
Herr durch den Propheten gesagt hat, der da spricht:
Siehe, eine Jungfrau wird schwanger sein
und einen Sohn gebären,
und sie werden ihm den Namen Immanuel geben,
das heißt übersetzt: Gott mit uns.
Als nun Josef vom Schlaf erwachte, tat er, wie ihm der Engel
des Herrn befohlen hatte, und nahm seine Frau zu sich. Und
er berührte sie nicht, bis sie einen Sohn gebar; und er gab
ihm den Namen Jesus.«
(Matthäus 1,18-25)

Gnade ist kein Gefühl. Gnade ist in Aktion. Gnade ist keine Gemütsbewegung oder bloße Ergriffenheit. Sie ist eine Entscheidung. Eine Wahl. Gnade ist in vielem wie die Liebe, eingehüllt in eine Haut aus Vergebung. Gnade absorbiert den Schmerz der Fehler eines anderen und liebt weiter.

Gnade ist kein geheimnisvolles, undefinierbares Konzept. Man kann sie vielleicht nicht sehen, anfassen oder unter einem Mikroskop beobachten, aber sie bewirkt Veränderungen mit Ewigkeitswert. Nichts, was von Gottes Gnade berührt wird, bleibt, wie es war.

Damit Sie Gnade weitergeben können, müssen Sie sie empfangen und aus ihr heraus leben lernen. Um sie aber empfangen zu können, müssen Sie zunächst erkennen, dass Sie Gnade verzweifelt nötig haben. Ohne Gnade, ohne Gottes unverdiente Zuwendung sind wir ohne Hoffnung. Empfangene Gnade aber bewirkt in uns Hoffnung und Liebe.

Das Ziel der Gnade besteht nicht darin, dass Sie sich besser fühlen. Das Ziel besteht darin, dass Sie Jesus ähnlicher werden – Jesus, der Gnade in Person. Wenn Sie Jesus kennen lernen, dann lernen

Sie auch Gnade kennen. Wenn Sie Jesus folgen, dann machen Sie auf dem Weg mit ihm die Erfahrung der Gnade. Wenn Sie Jesus lieb gewinnen, dann werden Sie befähigt, Gnade weiterzugeben.

9. Kapitel

Fleischgewordene Gnade

Jesus

Er war vor Abraham. Vor Adam. Vor der Erschaffung der Welt. Vor der Zeit. Ja, er selbst erschuf die Zeit.

Und der perfekte Plan Gottes, vor der Grundlegung der Welt erdacht, wurde durch ein Wort angestoßen und in Gang gesetzt.

Er sprach und es wurde geschaffen. Er sprach und es ward Licht. Er sprach und die Wasser und das trockene Land formten sich, die Vögel erhoben sich in den Himmel und die Tiere krabbelten über das Angesicht der Erde.

Mit einem Wort rief er die Schöpfung ins Leben. Und dann durchdrang der Schrei eines Neugeborenen die Nacht. Der Schöpfer des Universums war herabgekommen in den Mutterschoß der Jungfrau. Der, der sich die Erlösung der Welt erdacht hat, wurde durch die Kraft des Heiligen Geistes empfangen und geboren.

Voller Gnade und Wahrheit, war er selbst Gnade und Wahrheit in Person. Er war das fleischgewordene Wort. Und die Mitglieder seiner Ahnenreihe, diese gebrochenen Menschen mit zerbrochenen

Herzen und zerrütteten Leben, würden durch seine Wunden und sein Blut wieder heil werden.

Jesus, der Sohn Gottes, der Sohn der Maria, ganz Gott und dennoch ganz Mensch, würde nur ein Wort sprechen und ein Toter würde auferstehen. Durch seine Berührung würden Blinde wieder sehen können und aussätzige Haut weich und rein werden wie die eines Neugeborenen. Lahme, verkrüppelte Gliedmaßen würden nicht mehr länger nutzlos herabhängen, sondern ihre volle Kraft und ihr ganzes Potenzial zurückerhalten.

Doch das größte Wunder, das zu vollbringen er gekommen war, würde vor menschlichen Augen unsichtbar bleiben. Die Veränderung, die zu bringen er gekommen war, würde in den Herzen derer geschehen, die ihm nachfolgen. Durch die Einflößung von Gottes Gnade würde der Griff der Sünde seinen Halt verlieren, die Festung des Stolzes einbrechen, das unversöhnliche Herz weich werden. Er, der von keiner Sünde wusste, wurde zur Sünde, damit Sie und ich seine Gerechtigkeit empfangen können und befähigt werden, „recht" zu leben.

Alle Propheten und Patriarchen, alle Männer und Frauen, die Gott vor der Geburt des Erlösers berufen hatte, freuten sich auf dessen Ankunft. Und alle Nachfolger Christi erwarten seither ungeduldig seine Wiederkunft.

Zögern Sie nicht. Der Erlöser ist gekommen. Der Messias, der Verheißene, Gott selbst hat unter uns Wohnung genommen und will auch in Ihnen zu Hause sein. Heute. Das ist unfassbare, unglaubliche Gnade (Joh. 1,1-18; 3,1-21).

Wie wir an allen Personen und ihren Lebensgeschichten, die wir bisher betrachtet haben, sehen konnten, war die Gnade am Werk: Gnade hat sie ergriffen, sich in ihnen ausgebreitet und durch sie gewirkt.

Gott möchte dasselbe auch in Ihrem Leben tun. Um seiner Liebe und großen Barmherzigkeit willen möchte er seine Gnade durch Sie auch anderen zuteilwerden lassen.

Wenn wir anderen gegenüber gnädig sind, so wie Gott uns gnädig ist, dann geben wir Gott die Ehre. Das ist es, worum es bei der Gnade geht, die Ehre Gottes. Durch die Gnade gedachte Gott, seine Schöpfung zu erlösen, Menschen aus der Abkehr von ihm und der Rebellion gegen ihn zurückzuholen und den Feind unserer Seelen zu besiegen.

Gnade ist nichts, was wir, Sie oder ich, jemals hätten erfinden können, weil sie dem Geber der Gnade viel zu viel abverlangt.

Wir neigen ja eher dazu, unseren Wert aus dem abzuleiten, was wir getan haben, und nicht aus dem, was *Gott* getan hat. Wir messen unsere guten Taten, vergleichen uns mit anderen, machen eine Checkliste und haben dann ein gutes Gefühl, was unseren Stellenwert in Gottes Reich angeht.

Doch damit betrügen wir uns. Das ist gefälschte Gnade, das billige Nachahmerprodukt, das echt aussieht, aber nur eine Imitation ist. Gefälschte Gnade nimmt Gottes Gaben zur Kenntnis, rollt dann aber selbst die Ärmel hoch und macht sich an die schwere Arbeit, Gott zu gefallen. Schließlich müssen wir uns die „Clubmitgliedschaft" doch erarbeiten, oder?

Gefälschte Gnade ist unsere „Standardeinstellung", etwas, das wir selbst vorprogrammiert haben. Sie entstammt unserem eigenen, vermeintlich geistlichen Verständnis von Gottes Reich. Sie sorgt dafür, dass unser Leben mühelos in eine nette Schublade passt.

Ich tue gute Dinge, Gott belohnt mich und ich bin glücklich. Ich tue schlechte Dinge, Gott ist wütend und ich bin traurig. Ich versuche, gute Dinge zu tun, damit ich glücklich werde.

Das Problem bei dieser „Standardeinstellung" sind die Schwierigkeiten, die sich in Ihrem Leben auftun, und die schmerzlichen Erfahrungen, mit denen Sie zu kämpfen haben werden – Erfahrungen, die Ihnen das Gefühl geben, Gott sei ständig zornig auf Sie. Wie Sie Gnade für sich definieren, das wird enorme Auswirkungen darauf haben, wie und warum Sie Ihr Leben so leben, wie Sie es leben.

Wenn Sie Gott nur deshalb gefallen wollen, damit er im Gegenzug etwas für Sie tut, werden Sie irgendwann das Gefühl haben, dass Gott Sie fallen gelassen hat. Denn er ist ja nur so groß und heilig, wie *Sie* ihn sich machen können.

Gott aber ist nicht dazu da, damit wir uns besser fühlen. Gottes Gnade wird nicht gewährt, um uns Glück zu bringen, einen Lebenssinn oder ein Ziel. Sinn und Ziel werden uns geschenkt, wenn wir die Gnade Gottes annehmen und in unserem Leben wirken lassen. Nicht umgekehrt.

Wir lesen im ersten Kapitel des Johannesevangeliums:

„Im Anfang war das Wort,
und das Wort war bei Gott,
und Gott war das Wort.
Dasselbe war im Anfang bei Gott.
Alle Dinge sind durch dasselbe gemacht,
und ohne dasselbe ist nichts gemacht,
was gemacht ist.
In Ihm war das Leben,
und das Leben war das Licht der Menschen …
Das Wort wurde Fleisch und wohnte unter uns."

Dieses Wort war Jesus. Gottes Wort an uns, die Offenbarung seines Wesens, die uns in menschlicher Form begegnete, ganz Mensch und zugleich Gott.

Doch bevor das Wort Fleisch wurde, vor Beginn aller Zeit, vor Beginn der Schöpfung, in der Gemeinschaft von Vater, Sohn und Heiligem Geist – da wurde die Gnade als Mittel der Erlösung auserwählt.

„Und alle, die auf der Erde wohnen, werden es anbeten, deren Namen nicht geschrieben stehen im Buch des Lebens des Lammes, das geschlachtet worden ist, von Grundlegung der Welt an", lesen wir in der Offenbarung (13,8).

Das Lamm wurde vor der Grundlegung der Welt geschlachtet. Gottes Plan mit der Welt, der, der ihm die größte Ehre bringen würde, war die Ausgießung der Gnade. Schon lange, bevor das Böse und die Versuchung die Bühne der Welt betraten, lange vor der Sünde Adams, entschied Gott, die Strafe selbst zu tragen, damit allen, die an ihn glauben, Gnade widerfährt.

Jesus war nicht nur das fleischgewordene *Wort* Gottes, er war die fleischgewordene *Gnade* Gottes. Gott schlug ihn, und er hauchte am Kreuz sein Leben aus. Nicht, weil Gott sadistisch und grausam wäre, sondern weil er uns Menschen so sehr liebt.

Nachdem die Stimmen der Propheten verstummt waren, schien Gott für Hunderte von Jahren zu schweigen. Doch dann kam die Gnade vom Himmel herab, hinunter in eine Futterkrippe. Die Gnade wurde in Windeln gekleidet, die Nacht des Schweigens Gottes durchbrochen vom Schrei eines Säuglings.

Gottes Stimme kam nicht donnernd vom Himmel herab, sondern heraus aus dem Mund eines Kindes.

Die Gnade ging barfuß in die Werkstatt des Vaters und sah zu, wie er Holz glatt hobelte – Holz wie das, an dem die Gnade eines Tages hängen würde.

Die Gnade lernte ein Handwerk.

Die Gnade blieb im Tempel zurück, lauschte und diskutierte mit den Lehrern auf eine Weise, dass sie über solche Weisheit staunten.

Die Gnade wuchs heran und ließ sich im Wasser des Jordans taufen.

Die Gnade erwählte sich Jünger, nicht wegen dem, was *sie* dem Reich Gottes zu bieten hätten, sondern wegen dem, was das Reich Gottes *ihnen* zu bieten hatte. Und aus lauter Gnade wurden sie in eine leidende, hungrige Welt geschickt, um sie zur Ehre Gottes grundlegend zu verändern.

Die Gnade nahm das Brot und die Fische eines kleinen Jungen und bereitete daraus ein Festmahl für Tausende.

Die Gnade sprach und das Wasser in den Krügen wurde zu erlesenem Wein.

Als die Gnade in der Person Jesu auf die Welt kam, brachte sie überfließendes Leben mit sich. Alle, die dieses Leben empfangen, haben dann auch Anteil am Auftrag der Gnade, der sich auf jedes Volk, jede Nation und jede Sprachgruppe erstreckt.

Die Gnade heilte den Gelähmten auf seiner Matte und erhörte die Gebete seiner Freunde, die ihn durch das Dach hinuntergelassen hatten.

Die Gnade ließ die kleinen Kinder zu sich kommen, statt sie wegzuschicken. Denn das ist die Weise, auf die Gnade wirkt: Sie macht uns fähig, das Reich Gottes anzunehmen, wie ein kleines Kind mit Freuden aufgenommen wird.

Die Gnade stellte die Würde einer Sünderin wieder her, vergab ihr und trug ihr auf, sich gegen die Sünde zu entscheiden, und anderen von der Gnade zu erzählen.

Die Gnade bot religiösen Führern die Stirn, die sich für gerecht hielten.

Die Gnade stellte sich Dämonen entgegen, die in gequälten Seelen Verwüstung anrichteten.

Die Gnade stillte den Sturm und beruhigte Wind und Wellen.

Die Gnade weinte am Grab ihres Freundes und erweckte ihn dann vom Tod zum Leben.

Mit jedem Schritt, jedem Gespräch, jeder Heilung war das fleischgewordene Wort Gottes, die Gnade in Person, zugleich im Auftrag der Gnade unterwegs. Jesus, die Gnade in Person, ließ sich nicht davon abbringen, weder durch die Versuchung des Feindes noch durch einen wohlmeinenden, besorgten Freund wie Petrus.

Die Gnade war fest entschlossen, die Forderungen des Gesetzes zu erfüllen und hielt nicht inne auf dem Weg zum unvermeidlichen Ziel – dem Ort, an dem sich Gottes Plan erfüllen würde: in Jerusalem, auf Golgatha.

Es war Gottes außergewöhnliche Gnade, die Jesus in den einsamen Garten am Rande der Stadt trieb. Die Gnade schwitzte Blutstropfen, flehte, bettelte und gab sich dann dem Willen Gottes hin.

Die Gnade wurde verhaftet und kam ins Gefängnis.

Die Gnade wurde ausgepeitscht und angespuckt.

Die Gnade wurde übel zugerichtet.

Die Gnade wurde mit Dornen gekrönt.

Die Gnade wurde der Kleider beraubt und verdammt.

Diejenigen, die an dieser Botschaft zweifeln, fragen sich, warum Gott überhaupt Leid zulässt. Und warum lässt Gott Sünde zu? Aber das sind noch nicht die größten Fragen. *Die* Frage aller Zeiten ist diese: Warum lässt Gott zu, dass das heilige, gerechte Wort Gottes leidet und stirbt? Warum plant Gott den grausamen Tod des Einzigen, der das nicht verdient?

Es gehört zu Gottes verborgenem, unfasslichem Plan, die Gnade am Kreuz zu erhöhen, damit allen, die sie sehen und sie annehmen, Leben gegeben wird. Diese Art von Gnade ist die Antwort auf die Konsequenzen unserer Schuld und der Zerstörung, die sie bringt. Es gibt einen Preis, der bezahlt werden muss. Die am Kreuz erhöhte Gnade ist die Antwort auf unsere Schuld, unsere Schande, unsere Gottesferne und die Macht des Todes. Im Evangelium des Johannes heißt es:

> *„Also hat Gott die Welt geliebt, dass er seinen eingeborenen Sohn gab, damit alle, die an ihn glauben, nicht verloren werden, sondern das ewige Leben haben. Denn Gott hat seinen Sohn nicht in die Welt gesandt, dass er die Welt richte, sondern dass die Welt durch ihn gerettet werde. Wer an ihn glaubt, der wird nicht gerichtet; wer aber nicht glaubt, der ist schon gerichtet, denn er glaubt nicht an den Namen des eingeborenen Sohnes Gottes.“*

Die Gnade trug das grobe, raue Kreuz hinauf zur Schädelstätte.

Die Gnade wehrte sich nicht gegen die Nägel, die sich in ihr Fleisch gruben.

Die Gnade wurde am Kreuz erhöht und nahm die größte Strafe an – eine Strafe, die nicht von den Anführern einer menschlichen Regierung oder einer religiösen Gruppierung, sondern von Gott selbst kam. Am Kreuz goss Gott seinen Zorn aus, und Jesus trank diesen bitteren Kelch für Sie und mich.

Jesus kannte keine Unvollkommenheit, keine Unreinheit, keine Sünde, weder in seinen Gedanken noch in seinen Taten. Er handelte niemals aus Eigennutz heraus. Dieser vollkommene, sündlose Mann *wurde* für uns zur Sünde, damit wir in Gottes Augen gerecht werden können.

Sehen Sie sich an, wie die Gnade nach Atem ringt, und sich qualvoll am Kreuz aufrichtet, um etwas Luft zu schöpfen.

Sehen Sie sich an, wie die Gnade aus tiefen Wunden blutet.

Die Gnade ruft nach dem Vater und erfährt das Gericht.

Die Gnade, von dunklen Wolken umgeben, neigt den Kopf und sagt: „Mich dürstet."

Sogar im Leid, dem Tode nahe, breitet das fleischgewordene Wort Gottes seine Gnade über die Menschen aus.

„Vater, vergib ihnen, denn sie wissen nicht, was sie tun", sagte Jesus

Die Verkörperung der Gnade – Jesus, der Messias, König der Könige – erniedrigte sich selbst und ließ alles los, was ihm rechtmäßig zustand, um an einem Kreuz zu sterben.

Die Gnade gab alle ihre Vorrechte auf.

Die Gnade wurde ein Sklave.

Die Gnade entäußerte sich selbst und gab sich als Opfer hin.

Die Gnade Gottes, die schon für Abraham, Tamar, Josef, Rahab, David, Batseba und Salomo da war, will sich über jeden Menschen ausbreiten, der jemals gelebt hat. Sie will uns ergreifen, uns Vergebung schenken und in uns wirken. Das ist der einzige Weg zu einer Beziehung mit Gott. Das war und ist sein Plan für unsere Erlösung. Wenn wir einen anderen Weg wählen oder etwas hinzufügen wollen, verschmähen wir Gottes vollkommenes Opfer.

Die Gnade will in Ihnen bewirken, dass Sie Gott nicht mehr durch ihre eigenen Anstrengungen gefallen wollen, sondern dass Sie Jesus erlauben, in Ihnen und durch Sie am Werk zu sein. Sie brauchen sich nicht länger darum zu bemühen, für sich das Beste aus dem Leben herauszuholen, sondern können mit offenen Händen geben und mit offenen Armen die empfangen, die Gnade nötig haben.

Wenn Sie Gottes Gnade annehmen und aus ihr heraus leben, dann können Sie sie auch aus einem versöhnten, vergebungsbereiten Herzen anderen anbieten. Sie werden zu einem Repräsentanten der Gnade, der dazu beitragen will, dass Menschen mit Gott versöhnt werden. Sie werden zu einem Botschafter der Gnade, angetrieben durch Mitgefühl und Erbarmen.

Sie werden nicht nur zu einem himmlischen Boten, Sie haben dann auch Anteil an dem großen Erlösungsplan Gottes für die Menschen, erdacht vor Erschaffung der Welt, ein Plan, bei dem die Gnade die entscheidende Rolle spielt. Im Brief des Paulus an die Philipper heißt es:

„Darum hat ihn auch Gott erhöht
und hat ihm den Namen gegeben,
der über allen Namen ist,
dass in dem Namen Jesu sich beugen sollen aller derer Knie,
die im Himmel und auf Erden und unter der Erde sind,
und alle Zungen bekennen sollen,
dass Jesus Christus der Herr ist,
zur Ehre Gottes, des Vaters."

Wenn Sie diese Gnade empfangen, in ihrem Licht leben und sie auch anderen zuteilwerden lassen, dann geben Sie dadurch Gott dem Vater die Ehre.

Wenn das alles wahr ist, wenn diese außergewöhnliche Liebe über uns ausgegossen wurde, warum merkt man das den Nachfolgern Jesu manchmal nicht an? Warum ist unser Leben dann immer noch dadurch bestimmt, dass wir richten, uns rächen wollen, wütend werden, den anderen ihre Fehler aufrechnen und nicht vergebungsbereit sind? Warum sind wir so wenig wie Jesus?

Wenn Sie begnadigt wurden, gewähren Sie auch anderen Gnade. Wenn Ihre vielen Sünden Ihnen vergeben wurden, dann vergeben Sie auch denen, die Ihnen Böses angetan haben.

Jesus hat einmal zu Simon gesagt, als die „sündige" Frau mit ihren Tränen seine Füße benetzte und ihn mit Öl salbte: „Wem aber wenig vergeben ist, der liebt wenig."

Als Nachfolger Jesu regen wir uns oft über „Sünder" auf. Wir betrachten uns selbst offensichtlich als solche, denen „wenig vergeben" wurde. Denn wir sehen die Menge unserer eigenen Fehler nicht. Wir vergessen, wie es um uns steht und wie sehr wir selbst Gottes Gnade brauchen. Wir würden es niemals zugeben, aber wir glauben im Grunde, dass wir zwar hier und da ein bisschen schmutzig sind und dass wir unsere Probleme haben. Aber da reicht einmal Staubputzen und ein wenig vom Blut Christi aus, um das wieder in Ordnung zu bringen. Doch die anderen Leute, ja, *die* brauchen wirklich ein reinigendes Bad, denn sie sind *wirklich* sündig. Sie sind Mörder und Ehebrecher und Götzendiener …

So, wie viele religiöse Führer zur Zeit Jesu bemerken wir nicht, wie bedürftig wir tatsächlich sind.

Wahrheit führt uns zur Gnade. Wenn uns unsere Hilflosigkeit und unser Mangel an Tugendhaftigkeit bewusst wird, hilft uns die Gnade, uns und andere in einem neuen Licht zu sehen. Wir glauben dem, was uns das Evangelium sagt: dass Gott selbst am Kreuz ein für alle Mal mit der Sünde kurzen Prozess gemacht hat. Deshalb kann uns vergeben werden. Aufgrund des vollkommenen Opfers von Jesus können wir vor Gott wieder unseren Platz einnehmen, Vergebung empfangen und sie dann an andere weitergeben.

Wenn wir andere Menschen mit Gottes Gnade erreichen wollen, sollten wir darauf achten, weder auf der einen noch auf der anderen Seite vom Pferd zu fallen. Es gibt eine gewisse Spannung zwischen der Wahrheit und der Gnade. Neigen wir zu sehr der einen Seite zu, stehen wir in Gefahr, einem Menschen nur die Wahrheit über sich selbst aufzuzeigen, ohne jedoch von Gottes Liebe und Vergebung zu sprechen. Neigen wir jedoch der anderen Seite zu sehr zu, stehen wir in der Gefahr, andere Menschen mit einer falsch verstandenen Gnade Gottes bekannt zu machen. Einer schwammigen Form der Liebe, die einfach alles gutheißt und entschuldigt, ohne je die Wahrheit zu sagen. Die dadurch den anderen der Möglichkeit beraubt, sich zu ändern.

Betrachten wir es einmal so: Als der Prophet Nathan König David mit der Geschichte von dem Lamm konfrontierte, das von dem reichen Landbesitzer entwendet und geschlachtet wurde, hüllte er die Wahrheit in Gnade. Die Geschichte sprach direkt zu Davids Herzen. Als er *sich selbst* in der Geschichte erkannte, traf es ihn viel tiefer, als wenn Nathan ihm einfach nur gesagt hätte, dass er ein Sünder ist. Eine gute Geschichte entfaltet große Kraft. Die kraftvolle Liebe Gottes, gemischt mit der Wahrheit über unsere Sünde, eingehüllt in Gnade.

Gnade ist Liebe in Aktion. Gott gab der Gnade in Jesus ein Gesicht. Er lebte ein sündloses Leben und starb an Ihrer und meiner statt. Nun ruft uns Jesus dazu auf, unserem Selbst abzusterben und uns in eine Welt hinauszubewegen, die verzweifelt die Gnade und Liebe Gottes nötig hat.

Gottes außergewöhnliche Gnade, seine göttliche Liebe bewegt sich auf Sie zu, damit Sie diese Art von Liebe anderen weitergeben können.

Diese Gnade will in unseren Leben wachsen und sich ausbreiten. Das ist ein Prozess. Wir müssen täglich neu erkennen, wie sehr wir sie brauchen und wie sehr die anderen um uns herum sie brauchen. Gnade hat es nicht eilig. Sie hetzt oder bedrängt Sie nicht. Sie dürfen in ihr ruhen. Und während Sie in ihr ruhen, wird der Friede Gottes Ihr Leben erfüllen.

Gott hat seinem Erlösungswerk, das er vor Ewigkeiten ersonnen hatte, viel Zeit gelassen. Sind Sie bereit, seine Gnade so in Ihnen wirken zu lassen? Sind Sie dafür offen, diese Art von Gnade in den Leben derer zu nähren, die Sie lieben? Wenn Sie Menschen zur Veränderung drängen, ist das keine Gnade. Gnade verlangt von Ihnen, dass Sie den Schmerz aushalten.

Vor einer Weile besuchte ich ein Gefängnis in Louisiana. Es war als das schlimmste Gefängnis im ganzen Staat bekannt. Die Männer, die dort eingekerkert waren, saßen lebenslänglich. Es gab mehr Mörder und Sexualverbrecher in diesem Gefängnis als in jeder anderen Einrichtung in Louisiana – bis ein christlicher

Wärter dort angestellt wurde und begann, von Jesus zu erzählen. Und einer nach dem anderen fingen diese Männer an, Jesus zu folgen.

Als ich dort ankam, glaubte schon die Hälfte der 5000 Häftlinge an Jesus. Hinter dem Stacheldraht gab es vier Gemeinden. Es gab Kapellen, die von Christen gebaut worden waren. Und die Pastoren dieser vier Kirchen waren Häftlinge. Die Leute, die im Gottesdienst Musik machten, die Leute, die mitsangen – alle waren Häftlinge. Sie evangelisierten innerhalb der Gefängnisgemeinschaft und trugen die gute Nachricht von Jesus weiter. Jeden Sonntag waren die Kapellen voll.

Das „New Orleans Baptist Theological Seminary" veranstaltet dort Kurse für diejenigen, die Pastoren werden möchten und lernen wollen, wie man mit Gott lebt und mit ihm zusammen arbeitet.

Ich weiß noch, dass ich bewegt war und dachte: „Diese Menschen sind wie ein Siegespokal für Gott, eine Trophäe der Gnade."

Man könnte meinen, dass das Leben zu Ende ist, wenn man lebenslänglich ins Gefängnis muss. Diese Männer dachten anders. Als ihnen die Wahrheit über sich selbst bewusst wurde und sie Vergebung empfingen, kam Gottes Gnade in ihr Leben und fing an, sie zu verändern. Die Männer begannen, im Licht dieser Gnade zu leben. Und was passierte? Sie gaben sie an andere weiter!

Sie, die ihr Leben Christus übergeben haben, verbreiten nun die Botschaft der Versöhnung in einer Gemeinschaft von 5000 Häftlingen.

Sie werden niemals aus dem Gefängnis herauskommen. Sie sind ihr Leben lang dort. Gott hat nicht verheißen, alle Folgen unserer falschen Handlungen einfach verschwinden zu lassen.

Er hat versprochen, uns zu vergeben und uns seine Gerechtigkeit zuteilwerden zu lassen.

Die Männer in diesem Gefängnis in Louisiana gewinnen Menschen für Christus. Und wenn Menschen wie ich von außen hineinkommen, dann nehmen wir diese erstaunliche Geschichte von Gottes Gnade mit hinaus und erzählen sie anderen:

Ganz gleich, was du getan hast, was auch immer in deiner Vergangenheit passiert ist, du bist nicht unerreichbar für die Vergebung Gottes. Du bist nicht jenseits der Gnade Gottes. Gott hat einen Plan und Gott möchte dich gebrauchen, wo auch immer du bist.

Die Männer sind lebenslänglich im Gefängnis. Doch Jesus hat ihnen überfließendes Leben gegeben. Das ist die außergewöhnliche Gnade Gottes.

Sie haben gesehen, welchen Unterschied Gott mit seiner Gnade in Ihrem Leben bewirken möchte. Haben Sie diese Gnade bereits empfangen? Denn damit fängt alles an. „Jahwe wird retten" ist die Bedeutung des Namens *Jeschua*, des Mannes, den wir Jesus nennen.

Gnade zu empfangen, das hat nichts damit zu tun, wie oft wir in die Gemeinde gehen oder wie viele gute Taten wir tun. Gnade wird uns nicht deswegen geschenkt, weil unsere Eltern Christen waren.

Wenn Sie Gnade empfangen wollen, dann müssen Sie sich dafür entscheiden. Gott ist bereits auf Sie zugegangen. Er hat Ihre Schuld bezahlt. Seine Gnade ruft Sie. Gott möchte Ihnen in Jesus vergeben.

Sprechen Sie mit ihm. Bekennen Sie ihm Ihre Sünde. Sagen

Sie ihm, dass Sie wissen, dass Sie sich sein Wohlgefallen nicht verdienen können. Empfangen Sie im Glauben das Geschenk der Gnade, das er anbietet.

„Ich weiß, dass ich dein Gesetz übertreten habe, ich danke dir aber, dass Christus meine Strafe bezahlt hat. Ich möchte zu deiner Familie gehören. Ich möchte Vergebung erlangen. Ich möchte mein Leben mit dir leben."

So fängt es an, und wenn Sie es noch nie versucht haben, dann sprechen Sie mit Gott. Rufen Sie zu ihm, er wird Ihnen antworten.

Wenn Sie aber schon an Jesus glauben und ihm folgen, fragen Sie sich einmal: Glauben Sie wirklich, dass Gottes Gnade auch für Sie da ist? Oder glauben Sie nicht vielleicht insgeheim, dass Ihre Vergangenheit Sie von der ganzen Fülle seiner Liebe ausschließt?

Sie können nichts Schlimmeres getan haben als die Menschen, deren Leben wir uns in diesem Buch angesehen haben. Sie alle waren große Sünder, aber aufgrund seiner Gnade nahm Gott sie in seine Familie auf und schloss sie in seine Liebe ein.

Glauben Sie, dass das auch für Sie gilt? Dann entscheiden Sie sich, heute im Licht dieser Wahrheit zu leben.

Vielleicht haben Sie es zugelassen, dass der Böse die Schuld Ihrer Vergangenheit benutzt, um Sie davon abzuhalten, Gott zu folgen? Das ist eine seiner Taktiken. Er sagt: *„Gott kann dich niemals gebrauchen. Schau nur, was du getan hast."* Er verdammt. Deshalb wird er auch der Verkläger der Brüder genannt. Er möchte, dass Sie sich von Schuldgefühlen wegen dem, was Sie getan haben, gefangen halten lassen. Aber hören Sie nicht auf seine Stimme. Wenn Sie Gott Ihre Sünde bekannt haben und zu ihm umgekehrt sind, hat Gott Ihnen vergeben. Sie stehen rein vor ihm da. Wenn er Sie ansieht, nimmt er keine Schuld mehr wahr. Denn Sie sind zu ihm gekommen und haben sich Ihre Sünden vergeben lassen. Lassen Sie nicht zu, dass der Böse sich zwischen Sie und Gott stellt. Glauben Sie dem, was Gott sagt.

Wenn Sie die Gnade Gottes bereits empfangen haben, wie sieht es dann mit dem Weitergeben aus? Loben Sie die Menschen in Ihrem Umfeld dafür, dass Sie Gnade walten lassen und Vergebung anbieten? Spüren die anderen Ihnen eher Liebe oder eher Verdammung ab? Würden sie Sie als wütend und bitter bezeichnen?

Wenn Sie Schwierigkeiten damit haben, anderen gegenüber gnädig zu sein, dann tauchen Sie ein in die Wahrheit des Wortes Gottes. Durch die Bibel werden Sie immer wieder daran erinnert, was Sie in Christus empfangen haben – die Gerechtigkeit, die nur von ihm kommen kann. Gott liebt Sie nicht dafür, wie gut Sie sind oder sein werden. Laufen Sie jetzt also nicht los, um eine Liste von all den Menschen zu machen, denen Sie von nun an gnädig sein wollen. Versuchen Sie nicht, dafür alle ihre Kräfte zu mobilisieren. Nehmen Sie stattdessen die Liebe an, die Gott Ihnen gezeigt hat, preisen Sie ihn für seine Vergebung und Barmherzigkeit, danken Sie ihm für seine Geduld mit Ihnen. Wenn Sie wirklich diese erstaunliche Gnade Gottes akzeptieren und ihr erlauben, Sie zu erfüllen, werden die Menschen um Sie herum in Ihrer Haltung und an Ihren Handlungen eine Veränderung wahrnehmen.

Ein Gebet

Gott Abrahams, Isaaks und Jakobs, Gott allen Trostes, aller Weisheit und Barmherzigkeit, hilf mir, jetzt deine Gnade anzunehmen, die du mir so verschwenderisch anbietest.

Öffne mir neu die Augen für die wundervolle Liebe, die du mir in Christus geschenkt hast.

Hilf mir, eine Ahnung von deiner Heiligkeit zu bekommen, damit mir das Ausmaß meiner Schuld bewusst wird und ich zu dir umkehre.

Hilf mir, wie Abraham deinen Ruf zu hören und dir zu vertrauen.

Durchbrich die Mauern meines Herzens, zerbrich meinen Stolz und meine Selbstgenügsamkeit, und zeige mir, wie du meine tiefsten Bedürfnisse erfüllen willst.

Erlöse mich von meinen Versuchen, dem, was du mir in den schmerzlichen Zeiten meines Lebens zeigen willst, aus dem Weg zu gehen.

Gib mir wie David ein gebrochenes, reuevolles Herz – ein Herz, das empfänglich ist für dich.

Herr, ich glaube, dass du die Kraft hast, mir zu vergeben und mich wiederherzustellen, ganz gleich, was ich in der Vergangenheit getan habe.

Bitte gib mir die Weisheit, mit dir vorwärtszugehen und nahe bei dir zu bleiben.

Hilf mir, meine Vergangenheit so zu sehen, wie du sie siehst.

Lass mich jede Gelegenheit, jede Beziehung, jede Entscheidung, die ich treffen muss, mit deinen Augen sehen und das Beste daraus machen.

Ich möchte nichts verpassen, was du in deiner Gnade für mich bereithältst.

Hilf mir, jetzt die Liebe zu empfangen, mit der du mir begegnen willst, und im Licht dieser Liebe, Vergebung und Annahme zu leben.

Mache mich fähig, diese Liebe an die Menschen in meinem Umfeld weiterzugeben, die sie verzweifelt nötig haben.

Lass mich deinem Sohn Jesus immer ähnlicher werden, denn ich möchte so leben, wie du es für mich möchtest.

Ich will dir Freude machen und helfen, dass dein Reich auf dieser Erde gebaut wird. Und ich danke dir von Herzen, dass du mir so gnädig bist. In Jesu Namen. Amen.

Praxisteil

Vertiefende Fragen

1. Kapitel:
Den Ruf der Gnade hören – Abram

Eine Frage zum Nachdenken:

Wenn Gott in diesem Augenblick so hörbar zu Ihnen sprechen würde, wie er es bei Abram getan hat, was würden Sie hören wollen? Auf welche Frage hätten Sie gerne eine Antwort?

Lesen Sie 1. Mose 11,26-12,9.

Sie wissen nun ein wenig darüber, wer Abram war, bevor Gott ihn rief. Wie schwierig war es Ihrer Meinung nach für Abram, Gottes Anweisungen zu gehorchen?

Was bedeutet das für Ihr eigenes Leben? Hat es schon einmal eine Zeit gegeben, in der Sie wussten, was Gottes Wille für Sie ist, und es Ihnen dennoch schwerfiel, ihm zu folgen?

Was genau verheißt Gott Abram in 1. Mose 12,1-3?

1. Mose 12,9 lässt vermuten, dass die Reise Abrams hin ins „Südland", in die Wüste Negev, in „Phasen" erfolgte. Was bedeutet das in Bezug auf Ihren Weg heute?

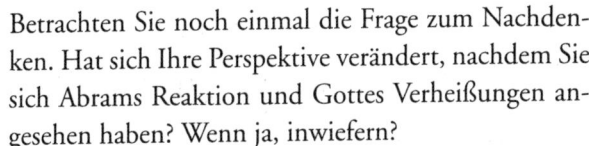

Betrachten Sie noch einmal die Frage zum Nachdenken. Hat sich Ihre Perspektive verändert, nachdem Sie sich Abrams Reaktion und Gottes Verheißungen angesehen haben? Wenn ja, inwiefern?

Abrams Leben ist ein Vorbild für alle die, die heute an Jesus glauben. Er hörte den Ruf der Gnade. Er glaubte Gott. Er reagierte auf Gottes Ruf mit Gehorsam und folgte seinen Anweisungen. Wie haben Sie den Ruf der Gnade gehört und darauf reagiert?

2. Kapitel:
Lachen durch Gnade – Abraham

Eine Frage zum Nachdenken:

Haben Sie jemals neu anfangen müssen? Beschreiben Sie diese Zeit Ihres Lebens und die Fragen und Gefühle, die Ihnen zu schaffen gemacht haben.

In 1. Mose 18 lesen wir, dass Gott Abraham bei den Eichen von Mamre begegnete. Was könnte es bedeuten, dass Gott sich Abraham in der Nähe eines Baumes zu erkennen gibt? Von welchen anderen „Bäumen" lesen wir in der Bibel? Warum also könnte der Hain von Mamre ein bedeutsamer Ort sein?

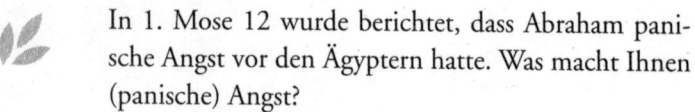 In 1. Mose 12 wurde berichtet, dass Abraham panische Angst vor den Ägyptern hatte. Was macht Ihnen (panische) Angst?

Welchen Trost spendet es Ihnen, dass Gott zu Abraham sagt: „Fürchte dich nicht …"? Können Sie darauf vertrauen, dass Gott Ihre tiefsten Bedürfnisse und Ängste kennt und durch seine Gnade ansprechen möchte?

Haben Sie schon einmal versucht, die Umstände zu manipulieren? Gott zu helfen, „im Zeitplan" zu bleiben? Wie hat dieser Versuch Gottes gnädiges Wirken in Ihrem Leben beeinflusst?

Übertriebene *Angst führt zu Not und Unglück. Gnade führt zu Segen.* Übertriebene Furcht *bringt Schmerz und Verletzung. Gnade erzeugt Fröhlichkeit und Lachen.*

Lesen Sie Johannes 8,31-59. Die, die hier mit Jesus reden, erwähnen Abraham. Wie verwendet Jesus im Gespräch das Beispiel von Abrahams Leben, um deutlich zu machen, wer er selbst ist? Inwiefern vergleicht sich Jesus mit Abraham?

Oberflächlich betrachtet scheint das bestenfalls eine hitzige Diskussion zu sein. Doch unter der Oberfläche gibt es mehr zu entdecken. Warum beschäftigt sich Jesus mit denen, die nicht an ihn glauben? Woran zeigt sich seine Liebe zu ihnen?

Nehmen Sie sich ein wenig Zeit, um die Ängste, die Sie haben, und Ihre „Tricks", wie Sie die Furcht zu kontrollieren oder ihr zu entfliehen versuchen, zu betrachten. Sagen Sie Gott Ihre Ängste und geben Sie ihm die Kontrolle über diese Bereiche Ihres Lebens.

3. Kapitel:
Der Weg der Schande, oder: Lehren von einer Prostituierten – Rahab

Eine Frage zum Nachdenken:

Können Sie nachempfinden, wie Rahab sich gefühlt haben muss? Können Sie sich in gewisser Weise mit ihr identifizieren? Hat es in Ihrer Vergangenheit etwas gegeben, das Ihnen das Gefühl gibt, Sie seien Gottes Liebe nicht wert?

Lesen Sie Josua 2.

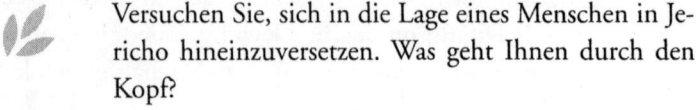 Versuchen Sie, sich in die Lage eines Menschen in Jericho hineinzuversetzen. Was geht Ihnen durch den Kopf?

Vergleichen Sie die Angst, die Rahab hatte, mit der Angst Abrahams. Wie gingen die beiden mit ihrer Angst um?

Rahab führte ein unmoralisches Leben. Überrascht es Sie, dass Gott sie verschonte? Wenn ja, warum? Wenn nein, warum nicht?

Gibt es eine „Rahab" in Ihrem Leben? Einen Menschen, der Ihrer Meinung nach nie auf die Idee käme, Gott zu suchen und sich nach seiner Gnade und Liebe auszustrecken? Wie können Sie, ermutigt durch Rahabs Geschichte, diese Person mit der Liebe Gottes in Berührung bringen?

Was ist Rahabs tiefstes Bedürfnis gewesen, und wie begegnet Gott diesem Bedürfnis?

Inwiefern waren auch andere um Rahab herum von der Gnade betroffen, die sie empfing?

Warum wurde Ihrer Meinung nach die Geschichte von Rahab für uns heute aufgeschrieben?

Die Mauern von Jericho stürzten ein. Doch ein noch größeres Wunder ist es, wenn Gott die Mauern unseres Herzens zum Einsturz bringt und wir der Gnade Gottes erlauben, uns zu vergeben und uns zu reinigen. Haben Sie das schon erlebt? Nehmen Sie sich etwas Zeit, um Gott für seine außergewöhnliche Gnade zu danken.

4. Kapitel:
Erschlichene Gnade – Tamar

Eine Frage zum Nachdenken:

In Filmen und Büchern ist Rache ein häufiges Thema. Wie haben Sie in Ihrem Leben gegen Rachegedanken angekämpft? Hatten Sie in der letzten Zeit den Wunsch, es jemandem heimzuzahlen? Gibt es Ihrer Meinung nach Menschen, die sich zu weit von Gott entfernt haben, als dass er sie noch ändern könnte?

Lesen Sie 1. Mose 38.

Was ging Tamar wohl durch den Kopf, als sie zusehen musste, wie Gott ihren ersten und zweiten Ehemann zu Fall brachte?

Versuchen Sie sich in ihre Lage zu versetzen. Ihre Ehe mit Onan ist arrangiert, und sie ist seiner einflussreichen Familie eher lästig. Wie hätten Sie sich gefühlt?

Was ist Ihrer Meinung nach in Tamars Herz geschehen, als Onan starb und sie aufs „Abstellgleis" geschoben wurde?

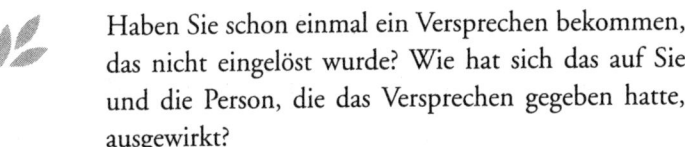

Haben Sie schon einmal ein Versprechen bekommen, das nicht eingelöst wurde? Wie hat sich das auf Sie und die Person, die das Versprechen gegeben hatte, ausgewirkt?

Als Tamars Schwangerschaft entdeckt wurde, war Juda schnell dabei, sie zu verurteilen. Doch Tamars gerissener Plan verhindert die Vollstreckung des Urteils. Was können wir aus Judas Einsicht und Eingeständnis in 1. Mose 38,26 lernen?

Was war wohl Tamars tiefste Sehnsucht?

Was ist die tiefste Sehnsucht in Ihrem Herzen, und wie möchte Gott Ihnen Ihrer Meinung nach darin begegnen?

5. Kapitel:
Gnade in Aktion, oder: Wie es ohne diese Geschichte keinen 51. Psalm gäbe – David

Eine Frage zum Nachdenken:

Wurden Sie schon einmal vom spektakulären Scheitern eines Mitchristen überrascht, den Sie respektierten und dem Sie es nicht zugetraut hätten? Inwiefern hatte das Auswirkungen auf Ihre Beziehung zu dieser Person und Ihre Vorstellung von Gott?

Lesen Sie 2. Samuel 11.

Was waren wohl die tiefer liegenden Gründe für Davids Ehebruch mit Batseba? Beschreiben Sie, was er tat, um seine unmoralische Handlung zu verbergen.

Lesen Sie den Bericht über Nathans Besuch bei David. Warum sandte Gott Ihrer Meinung nach den Propheten?

Nennen Sie drei Gründe, warum Gott wohl eine Geschichte benutzte, um David zu überführen.
Sind Sie schon einmal auf unkonventionelle Weise einer Sünde überführt worden?

Lesen Sie Psalm 51. Woran kann man erkennen, dass es David nicht einfach nur leidtat, erwischt worden zu sein, sondern dass sein Herz tatsächlich voller Reue war?

Denken Sie, dass David die Vergebung Gottes annehmen konnte und in seinem Leben gespürt hat? Warum oder warum nicht?

Davids Geschichte endet nicht mit seinem Versagen. Er darf weiterleben und erhält eine Chance, sein Leben neu zu gestalten. Ja, es gibt ernsthafte Konsequenzen, aber Gott zeigt David seine Liebe und Barmherzigkeit, indem er ihm vergibt. Haben Sie schon einmal diese Art von Kummer und Erbarmen erlebt?

6. Kapitel:
Verfolgt von Verlangen, überholt von Gnade – Batseba

Eine Frage zum Nachdenken:

Haben Sie manchmal das Gefühl, Gott würde Sie für eine schlechte Tat oder ein Versäumnis bestrafen? Was sind eventuelle Gemeinsamkeiten zwischen Batsebas Geschichte und den heutigen gesellschaftlichen Ansichten und Verhaltensweisen in Bezug auf sexuelle Moral oder Unmoral?

Lesen Sie 2. Samuel 12,15-25.

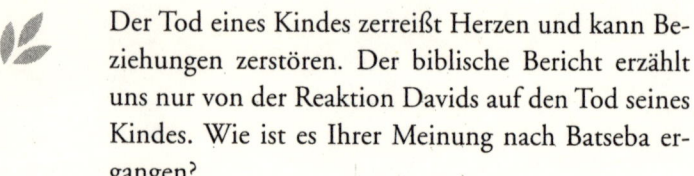

Der Tod eines Kindes zerreißt Herzen und kann Beziehungen zerstören. Der biblische Bericht erzählt uns nur von der Reaktion Davids auf den Tod seines Kindes. Wie ist es Ihrer Meinung nach Batseba ergangen?

Wie hat sich die Beziehung zwischen David und Batseba verändert, wenn Sie das allererste Treffen mit dem vergleichen, was in diesem Stadium ihrer Beziehung geschieht?

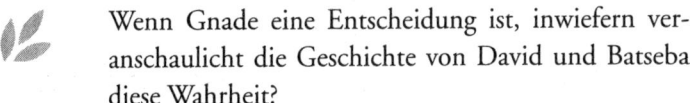

Wenn Gnade eine Entscheidung ist, inwiefern veranschaulicht die Geschichte von David und Batseba diese Wahrheit?

Wenn Sie Gott gebeten haben, Ihnen ein Fehlverhalten in der Vergangenheit zu vergeben, aber im Grunde immer noch glauben, Gott sei wütend auf Sie – sind Sie dann wirklich dafür offen gewesen, seine Gnade zu empfangen?

Nennen Sie einige Schritte, die sie wieder näher zu Gott bringen und es Ihnen ermöglichen, sein Erbarmen von Herzen zu empfangen.

7. Kapitel:
Die Antwort auf die größte Frage –
Salomo

Eine Frage zum Nachdenken:

Wenn Gott zu Ihnen sagen würde: „Bitte, was ich dir geben soll!", wie würden Sie reagieren?

Lesen Sie 1. Könige 3,5-9.

Sehen Sie sich Salomos Antwort auf Gottes Frage sorgfältig an. Wie spricht er von den Taten Gottes in seinem Leben und worum bittet er?

Wie reagierte Gott auf Salomos Bitte? Lesen Sie dazu 1. Könige 3,10-14.

Warum war Gott Ihrer Meinung nach so großzügig zu Salomo?

Können Sie glauben, dass Gott auch Ihnen gegenüber großzügig sein möchte? Oder denken Sie insgeheim, dass er ohnehin immer nur „die anderen" segnet?

Wenn wir Salomos Leben betrachten, sehen wir, dass er viele Fehler gemacht hat. Sein Herz war, genau wie das seines Vaters, oft auf Abwegen unterwegs. Trotzdem schenkte Gott ihm Gnade. Was sagt Ihnen das über die Gnade, die Gott Ihnen zur Verfügung stellen möchte?

 Auf welche Weise hat Gott die Sehnsüchte Ihres Herzens mit der Zeit verändert? Was hätten Sie früher auf Gottes Frage *„Bitte, was ich dir geben soll"* geantwortet, und was antworten Sie heute?

8. Kapitel:
Er verpasste beinahe die Gnade in der Krippe – Josef

Eine Frage zum Nachdenken:

Haben Sie schon einmal eine große oder kleine Entscheidung getroffen, durch die Sie beinahe etwas wirklich Gutes verpasst hätten? Oder haben Sie eine Entscheidung getroffen und einen Weg gewählt, der Sie von etwas Gutem weggeführt hat?

Lesen Sie Matthäus 1,18-25.

Josef hatte bereits entschieden, was er in dieser Situation tun würde. Warum griff Gott Ihrer Ansicht nach zu drastischen, außergewöhnlichen Maßnahmen, um seine Meinung zu ändern?

Inwiefern wirkten sich Josefs Handlungen gegenüber Maria auch auf Jesus aus? Wie hat es Jesus Ihrer Meinung nach beeinflusst, als er später, als Junge, diese Geschichte hörte?

Wie hat Josef auf Gott reagiert? Sehen Sie Parallelen zwischen dem, wie Josef sich verhielt, und den Reaktionen der anderen Personen in Jesu Stammbaum, die wir betrachtet haben?

„Gnade versucht nicht, andere vom Glauben zu überzeugen." Stimmen Sie dieser Aussage zu? Inwiefern beeinflusst sie die Art und Weise, in der Sie mit anderen über Gott und den Glauben reden?

Ein offensichtliches Zeichen dafür, dass Gottes Gnade Ihr Leben erfüllt, ist es, wenn Sie auch anderen gegenüber Gnade walten lassen. Haben Sie erlebt, dass diese Art von Gnade in Ihnen am Werk ist?

Hatten Sie schon einmal die Möglichkeit, es jemandem „so richtig heimzuzahlen", und haben es nicht getan? Wie hat es sich angefühlt, den Schmerz, den der andere in Ihnen ausgelöst hat, auszuhalten statt zurückzuschlagen?

Wenn Jesus die Gnade Gottes in Person war, inwiefern können Sie ihm darin ähnlicher werden?

9. Kapitel:
Fleischgewordene Gnade – Jesus

Eine Frage zum Nachdenken:

Wenn ein Außenstehender Ihr Leben anschauen und Sie nach der Gnade, die Sie anderen zuteilwerden lassen, beurteilen würde, was käme wohl dabei heraus? Nennen Sie konkrete Beispiele, sowohl positive als auch negative.

Im ersten Kapitel des Johannesevangeliums lesen wir, dass Jesus das fleischgewordene Wort war. Durch Jesus sprach und spricht Gott mit einer bedürftigen Welt. Was bedeutet es für Sie, dass Jesus auch die fleischgewordene *Gnade* ist?

Lesen Sie Johannes 3,1-21. Versuchen Sie, sich auf die Gnade Gottes zu konzentrieren, die in dieser Erzählung zum Vorschein kommt.

 Inwiefern zeigt dieser Abschnitt detailliert Gottes außergewöhnliche Gnade?

 Was meinen Sie: Wie können Christen damit leben, dass sie oft so wenig Gnade an andere weitergeben?

Sehen Sie sich noch einmal das Gebet am Ende des Buches an. Erkennen Sie, wie die Personen aus Jesu Stammbaum, die wir kennengelernt haben, in diesem Gebet zum Vorschein kommen?

Möchten Sie diesem Gebet gerne etwas hinzufügen?

Beten Sie das Gebet langsam, aus dem Herzen heraus, und betonen Sie die Sätze, die Ihnen heute am meisten bedeuten.

Mehr zum Thema „Gnade"

Max Lucado
Gnade für den Augenblick
Andachten für jeden Tag des Jahres
ISBN 978-3-86827-270-3
384 Seiten, gebunden

„Gnade für den Augenblick" öffnet die Augen für Gottes Liebe, Hilfe und Gegenwart in unserem Alltag.

In einmaliger Intensität bringt jede Andacht kurze Auszüge aus Max Lucados Bestsellern. Der Seelsorger versteht es, den einfachen Sinn aus den biblischen Texten zu ziehen. Dadurch haben seine Gedanken die Kraft, durch einen langen Tag und eine dunkle Nacht zu tragen. Sie helfen, die Liebe Gottes mit dem Herzen zu fühlen.